art in context

Für Kristina
zum Geburtstag
von Pit
'96

Von Rembrandt zu Vermeer

Niederländische Kunst des 17. Jahrhunderts

Mariët Westermann

DUMONT

Umschlagvorderseite: Jan Vermeer. *Die Malkunst (Allegorie der Malerei)* (Ausschnitt aus Abb. 122)
Umschlagrückseite: Jan Steen. *Verkehrte Welt* (Ausschnitt aus Abb. 3)
Gerard van Honthorst. *Margarete Maria de Roodere und ihre Eltern* (siehe auch Abb. 17)
Frontispiz: Gerard Houckgeest. *Die Nieuwe Kerk in Delft mit dem Grabmal Wilhelms I.* (Ausschnitt aus Abb. 46)

Für Annie und Lucelle, die Bilder ebenso lieben wie Worte

Danksagung

Meine Forschungen zur niederländischen Bildkultur sind im beständigen Dialog mit Egbert Haverkamp-Begemann gefördert worden, der mit stets mit wohlmeinenden, oft geistreichen und immer provozierenden Gesprächen zur Seite stand. Ich danke ihm für sein Interesse und hoffe, daß er mit dem Ergebnis unserer Diskussionen zufrieden sein wird. Joanna Woodall las das Manuskript mit begeistertem Interesse, ich danke ihr für ihre Vorschläge und Ermutigung.
Andere Freunde und Kollegen haben mein Verständnis der niederländischen Kultur ebenfalls gefördert. Ich möchte vor allem Perry Chapman, Andrea Feeser, Zirka Filipczak, Walter Liedtke, Herman Roodenburg, Andy Shelton, Eric Jan Sluijter, Marina Warner und Arthur Wheelock danken. Im Center for Advanced Study in the Visual Arts in Washington 1994/95 ist besonders Barbara Gaehtgens, Jodi Hauptman, Kathryn Smith und Maria Gough für ihre beständige Diskussionsbereitschaft zu danken.
Gedankt sei darüber hinaus Tim Barringer für seine Anregung, dieses Projekt in Angriff zu nehmen, und für seine scharfsinnigen Vorschläge während der Entstehung dieses Buches. Mit großem Interesse und viel Humor begleitete Lee Ripley Greenfield dieses Buch in seinen einzelnen Entstehungsphasen. Sophie Collins traf die ersten Vorbereitungen. Sue Bolsom-Morris war stellte die Illustrationen zusammen, Jacky Colliss Harvey betreute die redaktionelle Arbeit. Ihnen allen sei für ihre kreative Mitarbeit gedankt.
Mein besonderer Dank geht an Charlie Pardoe, für seine unermüdliche Diskussionsbereitschaft und für die Art von Unterstützung, die in Holland als Engelsgeduld bezeichnet wird. Unseren Töchtern ist dieses Buch gewidmet.

Die Deutsche Bibliothek - CIP-Einheitsaufnahme

Westermann, Mariët:
Von Rembrandt zu Vermeer : Niederländische Kunst des 17. Jahrhunderts / Mariët Westermann
[Übers. aus dem Engl. von Helga Willinghöfer]. - Köln : DuMont, 1996
Einheitssacht.: The art of the Dutch republic <dt.>
ISBN 3-7701-3682-9

Übersetzung aus dem Englischen von Helga Willinghöfer

Design und Produktion: Calmann & King Ltd., London
Series Consultant: Tim Barringer (Birkbeck College, London)

Satz: DuMont Buchverlag, Köln
Druck und buchbinderische Verarbeitung: Toppan Printing Ltd., Singapur
ISBN 3-7701-3682-9

Printed in Singapore

Inhalt

N
Emden
GRONINGEN
Leeuwarden
Groningen
Harlingen
FRIESLAND
Assen
DRENTHE
Enkhuizen
Hoorn
Alkmaar
Kampen
Zuiderzee
Zwolle
BENTHEIM
Haarlem
Amsterdam
OVERIJSSEL
Ijssel
HOLLAND
Deventer
Bentheim
Amersfoort
Den Haag
Leiden
GELDERLAND
Zutphen
Utrecht
UTRECHT
Delft
Rhenen
Wijk
Arnheim
Brielle
Rotterdam
MÜNSTER
Gorinchem
Nijmegen
Emmerich
Dordrecht
Kleve
KLEVE
Zierikzee
ZEELAND
's-Hertogenbosch
Kalkar
Maas
Breda
Middelburg
Rhein
Dortmund
GENERALITÄTSLANDE
Venlo
Antwerpen
ERZBISTUM KÖLN
Düsseldorf
Brügge
FLANDERN
Schelde
Gent
BRABANT
HERZOGTUM JÜLICH
Maastricht
Köln
Brüssel
LIMBURG
Aachen
Bonn
0
40 km

Eine Einladung zum Schauen

Die Besucher niederländischer Museen sind oft überrascht, wie sehr sich die Szenerien und Menschen des 17. Jahrhunderts und die heutige Landschaft und ihre Bewohner ähneln. So beeindruckt Jan Vermeers (1632–1675) *Ansicht von Delft* nach über drei Jahrhunderten noch immer durch ihre Authentizität (Abb. 2). Die Ziegelhäuser mit ihren roten Dächern, die sonnenbeschienene Nieuwe Kerk, die Spiegelung der Stadtsilhouette im Wasser und die dramatischen Wolkenformationen prägen auch heute noch das Erscheinungsbild der Stadt Delft. Die Männer und Frauen im Vordergrund, von denen einige, wie wir, auf die Stadtsilhouette schauen, bringen ein menschliches Maß in die Komposition, verweisen auf die Lebendigkeit dieser unprätentiösen und doch außergewöhnlichen Stadt.

Dieses Buch möchte zeigen, wie Vermeer und andere niederländische Künstler ihre Heimat und ihre Mitmenschen mit einem noch nie dagewesenen Gespür für den ›Realitätseffekt‹ porträtiert haben. Es untersucht die technischen Mittel, mit denen sie eine derartige Lebensnähe erzielten, und geht der Frage nach, warum die Zeitgenossen diesen Realismus, wie man ihn heute nennt, so geschätzt haben. Eine Analyse dieser Vorlieben macht deutlich, daß die niederländischen Bilder besondere Geschichten über die Republik der Niederlande, über die Menschen, die in ihr lebten, und über ihre Vergangenheit erzählen – Geschichten, die über das ›Goldene Zeitalter‹ (wie man diese Epoche bereits im 18. Jahrhundert nannte) ebensoviel verraten wie ökonomische oder politische Zahlen und Fakten. Das Buch stellt auch Bilder vor, die für den modernen Betrachter vielleicht weniger ›niederländisch‹ wirken als Vermeers *Ansicht von Delft*, die aber im 17. Jahrhundert von den Sammlern mit großer Begeisterung gekauft wurden. Viele Werke, die in der Republik der Niederlande entstanden, stellen klassische Mythen dar, italienische Landschaften, romantische Märchen oder Niederländer in phantasievoller Kostümierung. Während Maler und Graphiker diese Sujets ins Bild setzten, prägten Ingenieure und Architekten die niederländische Landschaft

1 Die Republik der Niederlande seit 1629. Die Namen der sieben ursprünglichen Provinzen sind fett gedruckt. Das als ›Generalitätslande‹ bezeichnete Gebiet gehörte bis 1629, als die Niederländer es eroberten, zur spanisch besetzten Provinz Brabant, es erlangte jedoch nicht den vollen Provinzstatus. Die moderne Bezeichnung ›Holland‹ für die Niederlande erklärt sich aus der führenden Rolle, welche die Provinz Holland im 17. Jahrhundert in der Republik spielte.

2 Jan Vermeer. *Ansicht von Delft*, um 1661. Öl auf Leinwand, 96,5 x 117 cm. Den Haag, Mauritshuis

Moderne Betrachter haben Vermeers Gemälde vor allem wegen der präzisen Wiedergabe der Häuser, des Lichtes und der Atmosphäre bewundert. Dennoch hat der Künstler nicht einen bestimmten Augenblick oder einen singulären Blickwinkel wiedergegeben: Er hat die Gebäude und ihre Spiegelungen im Wasser so verändert, daß ein harmonischer Gesamteindruck von Delft entsteht. Vermeers Komposition folgt der Tradition der niederländischen Stadtansichten.

und ihre Städte so, wie wir sie heute kennen. Auch ihre Projekte unterrichten uns über die Gesellschaft des 17. Jahrhunderts.

Da sowohl die Bilder als auch die Architekturzeugnisse sehr heterogen sind, sind die Kapitel dieses Buches thematisch und nicht chronologisch geordnet, dabei wird jedoch immer wieder auf die historische Entwicklung verwiesen. In den letzten Jahrzehnten haben sich Kunst- und Literarhistoriker um neue Deutungen der Bilder und Texte bemüht, in Interpretationen, die nicht ausschließlich die bewußten Intentionen der Künstler in den Mittelpunkt der Betrachtung stellen. Die für diesen Ansatz typischen Untersuchungen fragen, wie Kunstwerke durch Stil und Themenwahl die aktuellen Probleme des Kulturkreises spiegeln, in dem sie geschaffen wurden. Die thematische Gliederung dieses Buches erlaubt die Berücksichtigung verschiedener Interpretationsmethoden, die in den letzten Jahren auf Gemälde und Drucke aus den nördlichen Niederlanden angewendet wurden.

Das folgende erste Kapitel umreißt die politische und wirtschaftliche Geschichte der Republik der Niederlande und geht der Frage nach, wie die Künstler ihre Werke herstellten und verkauften. Es versucht zu erläutern, wie bestimmte Vertriebsbedingungen die Themen und den Stil der Kunstwerke beeinflußt haben können. Das zweite Kapitel beschäftigt sich mit der komplexen Beziehung zwischen dem geschriebenen Wort und dem Bild, ein Thema, das in den Niederlanden des 17. Jahrhunderts für das Buch von ebenso entscheidender Bedeutung ist wie für das Kunstschaffen. Texte lieferten den Malern Anregungen für ihre Bilder, in denen Sprichwörter auftauchten, und auch das Schreiben selbst konnte zu einer zeichnerischen Übung werden. Eher indirekt erlauben Quellen aus dem 17. Jahrhundert den Historikern, auf die Bedeutung bestimmter Themen zu schließen. Im dritten Kapitel geht es um die verschiedenen Methoden, mit deren Hilfe die Maler ihre Bilder im wahrsten Sinne ›real‹ erscheinen ließen, und um die Funktion dieser Art von Verismus. Durch ihr ausgeprägtes Lokalkolorit dokumentierten und förderten die Gemälde den Beginn der Entwicklung einer nationalen Identität in den Niederlanden, aber auch andere, scheinbar weniger realistische Darstellungen leisteten ihren Beitrag zu diesem Prozeß, wie es das vierte Kapitel darlegen wird. Dieses Kapitel geht auf die politische Nutzung bestimmter Historiendarstellungen ein sowie auf die weniger deutlich ins Auge springenden ideologischen Intentionen der vordergründig schlicht wirkenden Landschafts-, Familien- oder Genrebilder. Im 17. Jahrhundert lebte und arbeitete man in den Niederlanden in kleinen, sich überlappenden sozialen Gemeinschaften, in Familien, Berufsverbänden, Stadtvierteln und Städten. Das fünfte Kapitel untersucht die Porträt- und Architekturdarstellung als Mittel, die Zugehörigkeit zu einer solchen Gemeinschaft zu demonstrieren, und fragt, inwieweit derartige Darstellungen zum Entstehen einer persönlichen und kollektiven Identität beitrugen. Auch die Künstler organisierten sich in Berufsverbänden, und viele niederländische Maler und Architekten hatten, was das Verständnis ihres eigenen Status und die Aufgaben der Kunst betraf, ein ausgeprägtes Selbstbewußtsein. Das letzte Kapitel schließlich gilt den schriftlichen und malerischen Äußerungen der Künstler über ihre Arbeit. Es verdeutlicht auf diese Weise, warum eine Analyse der künstlerischen Intentionen noch immer aufschlußreich sein kann.

Eine kurze Erläuterung der historischen Hintergründe bietet sich an dieser Stelle an. Das Buch beschäftigt sich mit dem ›langen‹ 17. Jahrhundert, einer besonderen Epoche, die länger war als genau 100 Jahre, und mit der Republik der Niederlande, die auch als die ›Nördlichen Niederlande‹ oder die ›Sieben Vereinigten Provinzen‹ bezeichnet wird und deren Territorium in etwa dem Gebiet der heutigen Niederlande entsprach. (Der moderne Staat wird häufig auch ›Holland‹ genannt; da Holland jedoch lediglich die einflußreichste Provinz der Republik der Niederlande war, wird diese Bezeichnung hier nicht für den gesamten Staat verwendet.) Die Untersuchung beginnt mit dem Jahr 1585, in dem die spanische Armee die Stadt Antwerpen in den ›spanischen‹ Niederlanden eroberte, ein Gebiet, das ungefähr dem heutigen Belgien entsprach. Die Einnahme Antwerpens durch die katholischen Spanier führte dazu, daß die protestantischen Intellektuellen und Künstler aus den südlichen Niederlanden in die Republik emigrierten, was für das dortige Kunstschaffen und die Geisteswelt einen bedeutsamen Impuls bedeutete. Die südlichen Niederlande bestanden aus selbständigen Provinzen, zu deren mächtigsten Flandern zählte. Traditionell werden die Bewohner und Kunstwerke aus den südlichen Niederlanden nach dieser einen Provinz als Flamen bzw. flämisch bezeichnet. Der Begriff wurde hier bewußt verwendet, um die südlichen Niederlande von der Republik der Niederlande zu unterscheiden.

Vorgestellt werden in diesem Zusammenhang Kunstwerke, die bis zum Jahr 1718 entstanden sind. Zu diesem Zeitpunkt veröffentlichte der niederländische Künstler Arnold Houbraken (1660–1719) den ersten Band seiner Biographien niederländischer und flämischer Künstler. Houbrakens Werk stellt den Beginn einer niederländischen Kunstgeschichte des 17. Jahrhunderts dar, seine Arbeit leitete die retrospektive Bewertung der Kunstproduktion des vorhergegangenen Jahrhunderts ein und markierte damit zugleich dessen Ende.

3 Jan Steen. *Verkehrte Welt,* 1663. Öl auf Leinwand, 104 x 140 cm. Wien, Kunsthistorisches Museum

Möglichkeiten der Interpretation: Jan Steens *Verkehrte Welt*

Wir lernen die niederländische Bildkultur des 17. Jahrhunderts durch die Analyse eines ihrer großartigsten Werke kennen, Jan Steens (1626–1679) *Verkehrte Welt* (Abb. 3).

Das Bild schildert uns folgende Szene: Fünf Erwachsene, ein Jüngling, drei Kinder, ein Schwein, ein Affe und ein Hund haben eine bürgerliche Wohnstube in ein Durcheinander verwandelt.

Eine junge Frau lächelt dem Betrachter zu, während sie ein Weinglas an den Oberschenkel des neben ihr sitzenden jungen Mannes lehnt, der sein Bein über das Knie der Frau gelegt hat. Er wird von einem älteren, hinter ihm stehenden Paar abgelenkt, das etwas in einem Buch nachliest. Die Ente auf der Schulter des Mannes weist in Richtung des Violine spielenden Jünglings, der zu einem kleinen Mädchen blickt, das gerade dabei ist, eine Münze aus einer Geldbörse zu stehlen. Vor dem Mädchen zieht ein Junge an einer Pfeife, vielleicht, um Rauch in das Gesicht der dösenden Frau zu blasen, die nicht bemerkt, daß der Hund sich über die Fleischpastete auf dem Tisch hergemacht hat. Nicht einmal das Scheppern der zu Boden fallenden Schüssel kann sie aufwecken. Das Kleinkind, das diesen Lärm verursacht hat, dreht sich so weit

4 Jan Miense Molenaer.
Musizierende Familie, um 1630. Öl auf Leinwand, 63,5 x 81 cm. Den Haag, Rijksdienst Beeldende Kunst, Haarlem, Leihgabe im Frans-Hals-Museum

Um auf die lange Ahnenreihe dieser Familie hinzuweisen, stellte Molenaer in seinem Gemälde Porträts längst verstorbener Familienmitglieder dar, was auch eine Anspielung auf die Möglichkeit der Malerei ist, das Andenken an bestimmte Personen zu bewahren. Die Uhr und die schillernden Seifenblasen, die das jüngste Kind in die Luft bläst, erinnern an die Vergänglichkeit von Zeit und Leben.

herum, daß es den aus dem Faß sickernden Wein sehen kann. Das Schwein hat offensichtlich den Stopfen aus dem Faß gezogen und auf die andere Seite des Zimmers getragen, wo es nun an einer Rose knabbert, die wohl aus dem Strauß gefallen ist, den der junge Mann hält. Seine Pfeife und sein Hut, ein Weinkrug, Brezel und Spielkarten sind über den Fußboden verstreut, ein Äffchen hält die hoch oben an der Wand hängende Uhr an. Diese Familienzusammenkunft ist gänzlich außer Kontrolle geraten.

Eine beliebte niederländische Redewendung bezeichnet eine unordentliche Wohnung bis heute als »Haushalt von Jan Steen« – aber sahen die Zimmer im 17. Jahrhundert tatsächlich so aus? Vieles an diesem Bild wirkt realistisch. So hat der Maler die unterschiedliche Materialität der dargestellten Gegenstände sehr sorgfältig wiedergegeben – schimmernde Seide, weicher Filz, glasierte Keramik, poliertes Zinn, saftiges Fleisch in einer knusprigen Pastete. Vieles geschieht gleichzeitig, jeder der Dargestellten beobachtet etwas anderes, wie es auch im wirklichen Leben oft geschieht. Es ist, als hätte der Affe die Zeit gerade so lange angehalten, daß der Maler das turbulente Durcheinander skizzieren konnte. Dennoch ist das Bild kein flüchtiger Schnappschuß. Für die Fertigstellung eines Bildes von dieser Größe (etwa 1,5 Meter breit), das mit solcher Sorgfalt ausgeführt wurde, benötigte Steen Tage, wahrscheinlich Wochen.

5 Pieter de Hooch. *Das Schlafzimmer,* um 1658–1660. Öl auf Leinwand, 50,8 x 61 cm. Karlsruhe, Staatliche Kunsthalle

Darüber hinaus wären einige Elemente der Szenerie für einen Haushalt des 17. Jahrhunderts ungewöhnlich gewesen: Nur wenige Familien hätten sich Enten, Schweine oder Affen als Haustiere gehalten. Die meisten Bürger aus der Mittelschicht hätten die schwarze Tracht des älteren Paares als zu streng, die Aufmachung des jungen Paares dagegen als zu prächtig empfunden – im Vergleich zu der Kleidung, in der sich angesehene Bürger porträtieren ließen. Auf einem Familienporträt (Abb. 4) von Jan Miense Molenaer (um 1610–1668), das in den 30er Jahren des 17. Jahrhunderts entstand, trägt ein junger Gitarrenspieler einen ähnlichen Anzug wie der sitzende junge Mann bei Steen: Doch bei Molenaer ist der Anzug des Gitarrenspielers ordentlich zugeknöpft und dezent in der Farbe. Das tiefe Dekolleté der jungen Frau, die wir bei Steen in der Mitte des Bildes sehen, wäre für eine Prostituierte passend gewesen, auch die Spielkarten, Pfeifen und Getränke waren eigentlich Requisiten aus einem Wirtshaus oder einem Bordell. Steen stellt jedoch kein Hurenhaus dar: Die Kinder, die Küche rechts sowie die Haushaltskasse über dem Violine spielenden Jüngling verweisen auf ein privates Interieur. Aber irgendetwas ist hier völlig aus den Fugen geraten.

Die flache Börse ist ganz wörtlich als Schlüssel zur Lösung des Rätsels zu verstehen: Ein darunter hängender Schlüssel weist auf die schlafende Frau. Ihr korrektes Kleid deutet darauf hin, daß sie für diesen Haushalt verantwortlich ist, wie es sich für eine Frau nach den zeitgenössischen Vorstellungen gehörte. Da sie jedoch schläft – vielleicht, weil sie zuviel getrunken hat –, befindet sich der Haushalt in Auflösung. Dieses Heim wird nicht so betreut, wie es sein sollte, und so sind auch seine Vorräte erschöpft. Ungestört können die jungen Liebenden vor den Kindern miteinander flirten, die gerade mit Stehlen und Rauchen beschäftigt sind. Der Hund, der sich über die Pastete hermacht, verweist nicht nur auf die Nachlässigkeit der Erwachsenen, sondern vor allem auf das schlechte Beispiel, das sie den Kindern geben.

Andere niederländische Gemälde zeigen geordnetere Interieurs. *Das Schlafzimmer* (Abb. 5) von Pieter de Hooch (1629–1684) vom Ende der 50er Jahre ist beispielsweise ein sauberer Raum, in dem die Hausfrau ihre Arbeiten vor einem artigen Kind ohne männliche Einmischung oder die Gesellschaft von Tieren verrichtet. Jan Steen hat das Schwein, den Affen und die Ente deshalb dargestellt, weil diese Tiere sich auf Sprichwörter über Torheiten beziehen. Im 17. Jahrhundert hatten die Niederländer stets ein Sprichwort zur Hand, denn diese galten als geistreiche Zusammenfassungen allgemein bekannter Lebensweisheiten. »Das Schwein läuft mit dem Spund davon« bedeutete beispielsweise, daß bei einer Feier exzessiv getrunken wurde, »Rosen vor die Säue werfen« stand für sinnlose Verschwendung. In Steens Bild erinnert der die Uhr anhaltende Affe den Betrachter daran, daß »bei der Torheit die Zeit vergessen wird«. ›Quaken‹ war der Standardausdruck für sinnloses Geplänkel. Obwohl die streng gekleideten Alten bei Steen an dem Chaos nicht teilhaben, weil sie in das Buch vertieft sind, charakterisiert die Ente auf der Schulter des Mannes ihre Beschäftigung als nutzlos.

6 Jan Steen. *Verkehrte Welt*, 1663 (Detail aus Abb. 3)

Auf der Tafel im Vordergrund rechts ist ein Sprichwort zu lesen: »Hütet Euch vor dem Luxus.« Wie auch viele zeitgenössische Schriftsteller mahnt der Maler hier die Betrachter, sich in acht zu nehmen, wenn sie in Wohlstand leben, da das Schicksal sich jederzeit wenden kann. Steen zeigt, welches Unheil diesem Haushalt droht, und zwar durch den von der Decke hängenden Korb voller Dinge (Abb. 6), die u.a. auf Armut und Krankheit verweisen: Krücken, eine Leprarassel und Peitschen (mit denen kleinere Vergehen bestraft wurden). Der Maler hat diese Verweise vor allem als Mahnung an die Betrachter ins Bild gebracht. Die Personen in dem Gemälde nehmen die Anzeichen für ihre Verrücktheit und den wirtschaftlichen Ruin jedoch nicht wahr.

Im 17. Jahrhundert bedeutete ›Luxus‹, anders als heute, mehr als den Überfluß an begehrenswerten Dingen: Luxus schloß auch unerlaubte sexuelle Begierde mit ein, und man glaubte, daß diese durch reichliches Trinken und Rauchen noch gesteigert würde. Um diesen Aspekt zu vermitteln, setzte Steen das verliebte Paar ins Zentrum seiner Darstellung des genußsüchtigen Lebens. In den niederländischen Gemälden der Zeit wurde der Luxus traditionell von einer in verführerische Seidenkleider gehüllten Frau symbolisiert. Es ist also kein Zufall, daß bei Steen gerade eine so aufwendig gekleidete Frau den Betrachter einlädt, den Luxus anzuschauen und sich vor ihm zu hüten.

Wen wollte Steen mit all diesen verschlüsselten Andeutungen erreichen? Sein sorgfältig ausgeführtes Gemälde wäre ein teures Dekorationsstück gewesen, ein wirklicher Luxus, den sich nur ein wohlhabender Käufer leisten konnte. Obwohl die Moral des Bildes auf den reichen Betrachter gemünzt war, scheint es unwahrscheinlich, daß jemand so viel Geld für ein Gemälde ausgegeben hätte, nur um sich selbst zu warnen. Die Kirche und die Buchdrukkereien boten für diese Zwecke preiswerte Predigten an. Außerdem haben ja die Personen in dem Bild eine Moralpredigt nötig, und sie unterscheiden sich in ihrem Benehmen wahrscheinlich sehr von den Menschen, die das Bild besaßen. Steen hielt seine Fingerzeige einem gebildeten Publikum vor: Er lieferte ihm ein Szenario, das es genießen konnte, weil es wußte, was davon zu halten war.

Jeder Kenner der zeitgenössischen niederländischen Kunst hätte vermutlich ein zusätzliches Vergnügen an dem Gemälde gehabt, denn es spielt offenkundig auch auf andere Bildtypen an. So stattete Steen den Raum mit sauberen, weißen Wänden aus – wie sie typisch sind für die strengen Interieurs von Pieter de Hooch –, aber zwischen ihnen läßt er ein turbulentes Durcheinander walten. Er stellt darüber hinaus verschiedene Generationen dar, die charakteristisch sind für die zeitgenössischen Familienporträts, so etwa in Jan Molenaers Familienbildnis (Abb. 4), in dem das gemeinsame Musizieren der Familienmitglieder auf deren harmonische Beziehungen verweist. Auch in Steens ›Familie‹ wird musiziert, aber dort tanzt man nach einer anderen Musik. Ein kundiger Betrachter der Szene würde sofort bemerken, daß dieses Bild keine richtige Familie wiedergibt. Alle Protagonisten, mit Ausnahme eines einzigen, ignorieren den Zuschauer, was bei zeitgenössischen Familienporträts nur sehr selten vorkommt, und keiner respektablen Familie wäre es wünschenswert erschienen, sich in einem solchen Zustand moralischen Verfalls porträtieren zu lassen.

Wenn man also davon ausgeht, daß Steens Bild, das so ›real‹ wirkt, das niederländische Heim ironisch verzerrt wiedergibt, entspricht dann de Hoochs Version eher dem wirklichen Leben jener Zeit? Obwohl auswärtigen Besuchern die Wohlgeordnetheit der niederländischen Wohnungen auffiel, ging es doch in vielen weniger förmlich zu als bei de Hooch. Sein Gemälde beschreibt das positive Ideal eines Haushalts, das Steen zum Vergnügen, aber auch zur Belehrung seiner Betrachter auf den Kopf stellt.

1. Kapitel

Herstellung und Vertrieb von Gemälden in der Republik der Niederlande

Fast während des gesamten 17. Jahrhunderts umfaßten die sieben Provinzen der Republik der Niederlande jenes Gebiet, das heute das Königreich der Niederlande bildet, mit Ausnahme der südöstlichen Gebiete des heutigen Staates. Zwischen 1481 und 1579 wurden diese Provinzen von Mitgliedern des Hauses Habsburg regiert. 1579 vereinigten sich die sieben Provinzen und erklärten ihre Unabhängigkeit vom Habsburger Philipp II. (1527–1598), spanischer König und Neffe des Habsburger Kaisers des Heiligen Römischen Reiches Deutscher Nation, Ferdinand II. (1503–1564). Philipp II. beanspruchte die gesamten Niederlande und regierte diese mit Hilfe eines Generalstatthalters von Brüssel aus. Motiviert durch lokale wirtschaftliche Interessen und ermutigt durch die vielen niederländischen Protestanten, die nicht mehr zum katholischen Spanien gehören wollten, hatten adelige Führer aus den niederländischen Provinzen seit 1568 rebelliert, aber Philipp II. und die spanischen Generalstatthalter der südlichen Niederlande bekämpften diese Abspaltungsversuche. Die Sieben Vereinigten Provinzen wurden erst 1648 offiziell anerkannt, als der Achtzigjährige Krieg mit dem Westfälischen Frieden beendet wurde. Die Republik der Niederlande war im Grunde genommen bereits 1609 teilweise anerkannt worden, als sie mit den Spaniern in Antwerpen einen zwölfjährigen Waffenstillstand vereinbarte. Indem er sich mit der Waffenruhe gemäß den Bedingungen der Republik einverstanden erklärte, erkannte Philipp III. faktisch die Existenz der Republik an.

Obwohl die sieben Provinzen nicht allein aus Glaubensgründen zur Selbständigkeit strebten, hatte der niederländische Protestantismus der Revolte doch den entscheidenden Anstoß gegeben. Die Reformation des 16. Jahrhunderts, angeführt von Martin Luther (1483–1546) und Johannes Calvin (1509–1564), hatte die nördlichen Niederlande im dritten Viertel des Jahrhunderts über

7 Thomas de Keyser. *Constantijn Huygens und sein Sekretär*, 1627. Öl auf Holz, 92,4 x 69,3 cm. London, National Gallery

Huygens war Sekretär des Statthalters der Republik der Niederlande und ein großer Kunst- und Literaturliebhaber.

8 Adriaen van de Venne.
Die Menschenfischer, 1614.
Öl auf Holz, 98 x 189 cm.
Amsterdam, Rijksmuseum

Viele der Gesichter im Mittelgrund am Ufer sind Porträts politischer Führer, darunter der Statthalter Moritz und sein Nachfolger Friedrich Heinrich. Van de Venne stellte sich selbst in der ersten Reihe der protestantischen Würdenträger dar, die in die Hüfte gestützte Hand zeigt sein Selbstbewußtsein.

Frankreich und die südlichen Niederlande erreicht. Die ersten protestantischen Gemeinden in den Niederlanden wurden als reformiert bezeichnet, und man folgte dort Calvins Lehre von einer Kirche, die auf der textnahen Auslegung der ursprünglichen Bibeltexte beruht und in der man das Heil durch den Glauben, nicht durch die Vermittlung der Kirche und der Sakramente erlangt. Die Reformierte (Kalvinistische) Kirche behielt die Taufe und die Heilige Kommunion bei, gestand ihnen jedoch eine wesentlich unbedeutendere Rolle im Glaubensgefüge zu und umgab sie nicht mit einem solchen Prunk, wie dies die katholische Kirche tat. Die Sakramente, die allein durch die Vermittlung eines Priesters gespendet werden konnten, wie etwa die Beichte, schaffte man ab. Diese weniger hierarchisch aufgebaute Religion entwickelte in weit von Rom entfernt liegenden Ländern eine große Anziehungskraft, und sie gab den örtlichen adeligen Führern, die mit der habsburgischen Obrigkeit uneins waren, eine wortgewaltige Lehre an die Hand, hatten doch die Habsburger ihrerseits die Verteidigung des Katholizismus in Europa zu ihrem Hauptanliegen gemacht.

Zur Zeit des Waffenstillstands (1609–1621) entstand Adriaen van de Vennes (1589–1662) Bild *Die Menschenfischer* (Abb. 8), das die moralische Überlegenheit der niederländischen Führungspersönlichkeiten zum Thema hat. Das Gemälde bezieht sich auf folgende Worte Jesu Christi an seine Jünger: »Ich werde euch zu Menschenfischern machen.« Dargestellt ist ein zeitgenössischer Wettstreit um die Errettung von Seelen zwischen zwei protestantischen Booten links und zwei katholischen rechts. Die stillen Protestanten haben mehr Erfolg, sie ›fischen‹ die Menschen mit der Bibel und den christlichen Tugenden Hoffnung, Glaube und Barmherzigkeit, wie es auf dem Netz geschrieben steht. Die fast kenternden katholischen Mönche hingegen arbeiten mit

Weihrauch und Musik als Köder. Am linken Ufer stehen die protestantischen Führer in Reih und Glied nebeneinander, gegenüber sieht man die weniger zahlreichen flämischen Honoratioren.

Die Bewohner der nördlichen Niederlande waren stolz auf ihre Unabhängigkeit, betrachteten aber ihr Land nicht sofort als in dem Maße von den südlichen Niederlanden getrennt wie etwa heute die beiden selbständigen Staaten Niederlande und Belgien. Selbst nach dem Waffenstillstand hofften noch einige der Führer der beiden Lager auf eine Wiedervereinigung unter katholischen oder kalvinistischen Vorzeichen. Eine Landkarte, die Claes Jansz. Visscher (1587–1652) zur Zeit des Waffenstillstandes zeichnete, zeigt die graduellen Veränderungen in den Beziehungen zwischen Norden und Süden (Abb. 9). Visscher stellte alle 17 niederländischen Provinzen in der traditionellen heraldischen Form des ›Leo Belgicus‹, des niederländischen Löwen, dar. Bei den Randvignetten, auf denen die wichtigen Städte aufgeführt sind, trennte er jedoch die nördlichen (links) von ihren südlichen Pendants (rechts).

Die Revolte der Sieben Vereinigten Provinzen beruhte nicht nur auf einem religiösen Konflikt, sondern entwickelte sich auch aus tiefgreifenden politischen, wirtschaftlichen und gesellschaftlichen

9 Claes Jansz. Visscher und seine Werkstatt. *Leo Belgicus,* 1609–1621. Kupferstich, 46,8 x 56,9 cm. Brüssel, Bibliothèque Royale Albert Ier

Auf jüngeren Landkarten symbolisierte der heraldische Löwe die Republik der Niederlande oder nur die Provinz Holland. Die Tradition der Darstellung von Stadtsilhouetten geht ins 16. Jahrhundert zurück. Unten links sitzen die Personifikationen der ›Freien Niederlande‹ und der südlichen Niederlande, die sich, auf der Symbolfigur ›Der alte Streit‹ hockend, bezeichnenderweise im Schatten befindet.

Differenzen. Während das Königreich Spanien und seine Herrschaftsgebiete von einem Hof regiert wurden, der eine zunehmend zentralistische Politik verfolgte und die meiste Zeit in Madrid residierte, ruhte die Regierungsgewalt in den nördlichen Niederlanden bei den Städten, die das wirtschaftliche Rückgrat des Landes bildeten und von einer mittelständischen Führungsschicht, den sogenannten Regenten, verwaltet wurden. Während die Macht in Spanien vor allem auf Landbesitz und den Gold- und Silberminen in der Neuen Welt beruhte, fußte sie in den nördlichen Niederlanden auf Herstellung und Handel.

Von Anfang an war die Republik sorgsam darauf bedacht, die Interessen der einzelnen Provinzen, ihrer Städte und Regenten miteinander in Einklang zu bringen. Jede Provinz wählte ihre eigenen Provinzialstände, die wiederum Delegierte in die Generalstaaten entsandten, die Gemeinschaft der Provinzialstände. Die Generalstaaten tagten in Den Haag, um über die militärischen, außenpolitischen und wirtschaftlichen Belange der Republik zu beraten und zu beschließen. Innerhalb der Generalstaaten hatten die Abgeordneten der Provinz Holland – und vor allem diejenigen der mächtigen Stadt Amsterdam – den größten Einfluß, denn Holland war die bevölkerungsreichste und wohlhabendste niederländische Provinz. Die Generalstaaten ernannten auch einen gemeinsamen Statthalter, der traditionell ein adeliger Nachfahre Wilhelms I. (1533–1584), des Prinzen von Oranien, war. Wilhelm I., der ›Vater des Vaterlandes‹, war der widerstrebende, aber sehr erfolgreiche Führer der niederländischen Revolte gewesen, der alle sieben Provinzen davon überzeugen konnte, ihn zum gemeinsamen Statthalter zu wählen. Seine Familie leitete ihren Erbanspruch auf die Niederlande von den einheimischen Grafen von Nassau her, und im 17. Jahrhundert ließen Wilhelms Söhne Moritz (1567–1625; Abb. 10) und Friedrich Heinrich (1584–1647) in Den Haag einen prächtigen Statthalterpalast erbauen. Obwohl dessen Prunk den Eindruck erweckt, daß die Oranier Ansprüche auf eine ihnen zustehende Führungsrolle in der Republik der Niederlande erhoben, blieben die Statthalter immer von den Finanzen und den politischen Plänen der Generalstaaten abhängig; allerdings besaßen sie als militärische Oberbefehlshaber Befugnisse, die ihnen einen beträchtlichen Einfluß sicherten. Die Generalstaaten wiederum wurden hauptsächlich von den städtischen Regenten aus der oberen Mittelschicht kontrolliert, weniger vom Landadel. Deshalb war die Republik, trotz einiger zentralisierender politischer und militärischer Institutionen, in ihrer Organisation in auffallendem Maße von lokalen Interessen bestimmt. Die Städte widersetzten sich regelmäßig den Besteuerungsplänen der Generalstaaten, und viele einzelne Stadtregenten leisteten gegen den militärischen Führungsanspruch und den politischen Einfluß des Statthalters Widerstand.

In der Tat befand sich die Republik fast während des gesamten 17. Jahrhunderts im Kriegszustand. Nach dem Ende des Waffenstillstands im Jahre 1621 wurden die Feindseligkeiten wiederauf-

10 Michiel van Miereveld. *Prinz Moritz von Oranien,* um 1625. Öl auf Holz, 220 x 140 cm. Amsterdam, Rijksmuseum

Prinz Moritz ist in der vergoldeten Rüstung dargestellt, die ihm die Generalstaaten für seinen Sieg bei Nieuwpoort im Jahre 1600 verliehen hatten. Somit spielt das Porträt auf die Unentbehrlichkeit des Statthalters für die Generalstaaten und die Republik an. In van Mierevelds Atelier entstanden viele Porträts des Prinzen.

genommen. Friedrich Heinrichs Erfolge zu Lande und mehrere glanzvolle Seesiege – einschließlich der Eroberung spanischer Schiffe, die Gold und Silber aus Amerika geladen hatten – brachten schließlich die definitive Unabhängigkeit. Direkt nach dem Westfälischen Frieden (1648) versuchten Amsterdam und die Generalstaaten jedoch, die Macht des neuen Statthalters Wilhelm II. (1626–1650) einzuschränken. 1650 schickte Wilhelm seine Armee gegen Amsterdam, um die Stadt zu unterwerfen, und nur durch plötzlich auftauchenden Nebel wurde sie gerettet. Wilhelms früher Tod durch die Pocken kurz nach dieser Machtprobe ermöglichte es den Generalstaaten, die ja von den städtischen Regenten kontrolliert wurden, das Amt auszusetzen, denn Wilhelms Sohn, Wilhelm III. (1650–1702), war noch im Säuglingsalter und deshalb nicht wählbar. In der nun folgenden statthalterlosen Zeit führte zunächst Johan de Witt, Ratspensionär von Holland und somit der einflußreichste Amtsträger der Generalstaaten, die Republik gegen englische Übergriffe, die niederländische Handelsrechte verletzten, und gegen die oranientreuen Anhänger des jungen Wilhelm III. Da de Witt jedoch gezwungen war, sich auf lokale wirtschaftliche und politische Probleme zu konzentrieren, wurde die Republik von den geschickt koordinierten und vernichtend geführten französischen und englischen Angriffen 1672 völlig überrascht. Mit Unterstützung einer Pro-Oranien-Bewegung, die ihre Anhänger in allen Gesellschaftsschichten hatte, gelang es den de Witt ablehnend gegenüberstehenden Regenten, Wilhelm III. zum Statthalter und Oberbefehlshaber wählen zu lassen. Johan de Witt wurde wegen angeblich ungenügender militärischer Vorbereitung entlassen, sein Bruder Cornelis de Witt unter dem Vorwurf einer Verschwörung gegen den Prinzen verhaftet. Kurze Zeit später wurden beide von einem aufgebrachten Mob gelyncht. Wilhelms Armee konnte den englisch-französischen Angriff zurückschlagen, und von diesem Zeitpunkt an spielte der Statthalter unter einer stabilen Regierung und während einer Periode wirtschaftlichen Wachstums eine durchaus bedeutende Rolle, obwohl seine Position gänzlich von den städtischen Beamtenfraktionen abhängig war, die ihn an die Macht gebracht hatten. Wilhelm III. gewann durch seine Heirat mit der englischen, protestantisch erzogenen Prinzessin Maria II. Stuart neue Einflußmöglichkeiten und bestieg schließlich 1689, nachdem er den Gegnern des katholischen Königs James II. militärische Unterstützung gewährt hatte und dieser aus dem Land geflohen war, mit ihr als William III. den englischen Thron.

Nicht nur außenpolitische Auseinandersetzungen machten der Republik zu schaffen, auch interne religiöse Streitigkeiten drohten sie zu spalten. Obwohl die meisten Städte seit dem späten 16. Jahrhundert unter der Kontrolle der Reformatoren standen, erhielt der Kalvinismus erst 1651 den Status einer Staatsreligion. Darüber hinaus verstanden sich zahlreiche unterschiedliche Gruppen als Kalvinisten. Während des Waffenstillstands (1609–1621) kämpften die beiden stärksten Gruppen um die Vorherrschaft innerhalb der Kalvinistischen Kirche, wobei sie Unterstützung bei den Generalstaaten und dem Statthalter Moritz suchten. Van de Vennes harmonische Darstellung des protestantischen Lagers in seinen *Menschenfischern* verschweigt diese Differenzen. Bei der kalvinistischen Synode von Dordrecht 1618/19 stritten militante Fürsprecher eines religiös bestimmten Kampfes gegen das katholische Spanien, der bis zum bitteren Ende durchgefochten werden sollte, gegen eher pragmatische Führer, die den Frieden suchten. Darüber hinaus wollten die strengeren Kalvinisten den religiösen Kampf auch auf Dissidenten innerhalb der Republik ausdehnen, und man polemisierte sowohl gegen die Freiheiten, die den Katholiken

11 Innenraum der katholischen Kirche Unseres Herrn, Amsterdam, 1663

Obwohl die Bänke und die Beleuchtung in diesem Gotteshaus der Ausstattung protestantischer Kirchen ähneln, widerspricht die Dekoration, vor allem das große Altargemälde mit der Taufe Christi und einer Skulptur Christi darüber, den kalvinistischen Bestimmungen über die Verwendung von Bildern bei der Andacht und dem Verbot der Darstellung Gottes.

geblieben waren, als auch gegen Vergnügungsstätten wie Jahrmärkte und Theater. Moritz, dessen politischer Einfluß auf seiner ununterbrochenen militärischen Führerschaft beruhte, stellte sich eindeutig hinter die kriegsbereite Fraktion. Typisch für die komplexe Sozialstruktur der Republik war, daß die von Moritz unterstützte Partei breiten Zuspruch von der weniger wohlhabenden, aber zahlenmäßig starken Bürgerschaft der städtischen Mittelschicht erhielt, während die eher gemäßigten Kalvinisten, die den Frieden anstrebten, von den reichen Patriziern und Intellektuellen aus der oberen Mittelschicht angeführt wurden.

Nach der Synode verlor die friedfertig gesinnte Fraktion auf lokaler und nationaler Ebene an Einfluß, aber obwohl die stren-

12 Emanuel de Witte.
Der Hof der Amsterdamer Börse, 1653. Öl auf Holz, 48 x 47,5 cm. Rotterdam, Museum Boymans-van Beuningen

geren Kalvinisten von nun an die wichtigsten politischen Ämter kontrollierten, ließ die Republik weiterhin verschiedene Glaubensrichtungen zu. Zuverlässigen Schätzungen zufolge war um die Mitte des Jahrhunderts nur ein Drittel der Bevölkerung kalvinistisch, während sich mehr als ein Drittel zum katholischen Glauben bekannte. Das restliche Drittel gehörte verschiedenen protestantischen Sekten an, etwa den Lutheranern, den Mennoniten oder den Wiedertäufern; darüber hinaus gab es eine kleine jüdische Gemeinde. Den Katholiken war es nicht gestattet, öffentlich Gottesdienste abzuhalten, sie konnten jedoch in entsprechend umgebauten Privathäusern zusammenkommen, wogegen die Kalvinisten vergeblich protestierten (Abb. 11). Während in ganz Europa die wirtschaftlichen und sozialen Bedingungen für die Juden immer schwieriger wurden, stand ihnen die Republik aufgeschlossen gegenüber und bot ihnen mehr Arbeitsmöglichkeiten als andere Länder.

Wie der Statthalter und die zum Krieg entschlossenen Kalvinisten hatten auch die Kaufleute in den handeltreibenden Städten, vor allem in Amsterdam, Interesse an einer Fortsetzung der militärischen Auseinandersetzungen. Während des Krieges blockierte die Flotte der Republik den Hafen von Antwerpen, lähmte damit den Außenhandel der Stadt und raubte ihr den seit dem 16. Jahrhundert bestehenden Status als wichtigster europäischer Hafen. Nun übernahm Amsterdam diese Rolle. Die daraus resultierende Expansion des Amsterdamer Handels ermöglichte es der Stadt, die Bankgeschäfte und die Dienstleistungen der Warenbörse sowohl im Volumen als auch in der Vielfalt zu einer Größenordnung zu steigern, wie es sie in Europa zuvor noch nicht gegeben hatte. An der Amsterdamer Börse handelten Kaufleute und Makler aus aller Welt mit Waren, Devisen und Gerüchten – und in einem noch nie dagewesenen Umfang mit Wertpapieren. Zeitgenössische Berichte schildern das lebhafte Treiben im neuen Börsengebäude, das Hendrick de Keyser (1565–1621), der angesehenste Architekt und Bildhauer seiner Generation, entworfen hatte. Künstler wie Emanuel de Witte (um 1617–1692) malten die lebhafte Menge aus einheimischen und ausländischen Händlern (Abb. 12). An der Börse spekulierten die Anleger auf den zukünftigen Wert bestimmter Waren, angefangen bei Grundnahrungsmitteln wie Weizen und Heringe, bis hin zu Luxusgütern wie Pfeffer, Porzellan, Seide und Muskatnuß oder, im berüchtigten Spekulationsfieber der 30er Jahre des 17. Jahrhunderts, auf die zuletzt übersteigerten Preise von Tulpenzwiebeln.

Die Herstellung und der Vertrieb wurden seit dem Mittelalter von einem System von Zünften (Gilden) organisiert, d.h. von Vereinigungen von Händlern, Künstlern oder Handwerkern, die in einer bestimmten Berufssparte arbeiteten. Nur Zunftmitglieder konnten ein bestimmtes Handwerk ausüben und ihre Produkte in einer Stadt verkaufen. Um Meister in seinem Beruf zu werden, mußte ein Anwärter viele Monate oder Jahre als Lehrling bei einem Meister arbeiten und schließlich eine Prüfung ablegen, die oftmals aus der Schaffung eines ›Meisterstücks‹ bestand. Die Zünfte setzten die Zahl der Arbeitsstunden, die Mindestpreise sowie Qualitätsstandards fest und schützten so ihre Mitglieder vor der Konkurrenz Außenstehender. Mit dem Wachstum der Städte und ihrer Märkte seit dem ausgehenden Mittelalter spaltete sich die Produktion in immer spezialisiertere Bereiche mit den entsprechenden Zünften auf. So gab es häufig Auseinandersetzungen zwischen den einzelnen Zünften über das Recht, bestimmte Materialien zu verarbeiten, beispielsweise zwischen Tischlern und Zimmerleuten. Im 17. Jahrhundert konnten die traditionsverhafteten Produktionsmethoden der Zünfte jedoch kaum mit der Nachfrage Schritt halten. In steigendem Maße versorgten Unternehmer, die nicht in den Zünften organisiert waren, Handwerker mit Rohmaterial für ihre Arbeit, um deren Produkte dann als Großhändler an Läden weiterzuverkaufen. Viele dieser Kaufleute umgingen auch die Zunftregeln, indem sie in kleineren Ortschaften ohne eigene Zünfte billigere Arbeitskräfte engagierten. Im Laufe des Jahrhunderts verlor das protektionistische Zunftsystem im großen und ganzen seinen Einfluß zugunsten eines eher marktorientierten Produktionsprozesses.

Die Entwicklung des niederländischen Schiffbaus, der schnelle Schiffe mit maximaler Ladekapazität zur Verfügung stellen konnte, war eine Grundvoraussetzung sowohl für den Import von Roh-

13 Robert de Baudous nach **Hendrick Vroom.** *Die Landung bei Philippine,* 1600. Kupferstich, 38 x 61 cm. Amsterdam, Rijksmuseum

Die Generalstaaten zahlten Vroom für die Vorzeichnung zu diesem Kupferstich 150 Gulden. Dargestellt ist die Flotte, welche die niederländischen Truppen nach Philippine bei Nieuwpoort brachte, wo der Statthalter sie in eine siegreiche Schlacht führte.

material, das in der kleinen Republik benötigt wurde, als auch für den Export von Massengütern und fertigen Endprodukten. Der Schiffbau und der Handel mit gebrauchten Schiffen wurden eigene Gewerbezweige. Die Handelsschiffe profitierten vom Schutz gut gerüsteter Kriegsschiffe, einer Flotte, die in den Jahrzehnten der Seekriege erprobt und perfektioniert worden war. Vereinigungen von Kaufleuten, Investoren und Schiffskapitänen betrieben die Handelsschiffahrt gemeinsam, um so das Verlustrisiko gleichmäßig zu verteilen. Die größten kommerziellen Flotten wurden jedoch von den Handelskompanien unterhalten, die ein Monopol auf den niederländischen Handel in Ost- und Westindien, entlang der afrikanischen Küste und in Japan hatten. 1602 räumten die Generalstaaten der Ostindischen Gesellschaft mit Sitz in Amsterdam und fünf anderen Städten das Monopol auf den Handel mit dem indonesischen Archipel ein, und 1621 wurden der Westindischen Gesellschaft ähnliche Privilegien zwischen Afrika und Südamerika garantiert. Die Regenten waren sich der Vorrangstellung der niederländischen Schiffahrt bewußt und ließen häufig Drucke oder Gemälde anfertigen, die an bestimmte

Schiffe und ihre großartigen Leistungen erinnern sollten (Abb. 13). In einem großen Kupferstich, den die Generalstaaten in Auftrag gegeben hatten, um einen Sieg im Jahre 1600 zu feiern, stellte Hendrick Vroom (um 1566–1640) die Schiffsflotte dar, die die Truppen in der Nähe des Schlachtfeldes an Land gebracht hatte.

Die Republik war sowohl in geologischer als auch in politischer Hinsicht ein junges Land. Zwischen 1607 und 1640 legten Unternehmer und Ingenieure riesige Seen in der Provinz Holland trocken, wodurch große Flächen kultivierbaren Ackerlandes gewonnen wurden. In diesen tiefliegenden ›Poldern‹ gründete man neue Dörfer, die nur von Deichen und Pumpen geschützt wurden, welche der immerzu über das flache Land wehende Wind antrieb. Gleichzeitig baute man Flüsse und Kanäle zu leistungsfähigen Transportwegen aus, wie ein Gemälde von Esaias van de Velde (1590/91–1630) aus dem Jahr 1622 bestätigt (Abb. 14). Von Pferden gezogene Boote verbanden die größeren Städte mit den vielen kleinen Dörfern, so daß Menschen, Vieh oder Frachtgüter beispielsweise in weniger als einem Tag von Amsterdam nach Den Haag gebracht werden konnten. Zwischen 1609 und 1672 wurde

Amsterdam völlig umgebaut; die Stadt erhielt ein konzentrisches Netz von Kanälen (Abb. 15), das die Zahl der profitablen, am Wasser liegenden Fronten der Lager- und Handelshäuser vergrößerte, und ein modernes, neues Abwassersystem, das von Schleusen geregelt wurde.

Die Dezentralisierung und Interessenvielfalt innerhalb der Republik waren die Ursache für ihre Stärken, aber auch für ihre Schwächen. Die hochspezialisierte, lokal organisierte Produktionsweise bildete die Basis einer gesicherten, breitgefächerten Wirtschaft. Auf politischer Ebene erlaubte die Dezentralisation den Städten, in lokalen Belangen selbständige Entscheidungen zu fällen. Die gesellschaftliche Toleranz gegenüber anderen Religionen und Weltanschauungen war sicherlich eher vom Geschäftssinn als durch aufklärerische Denkweisen bestimmt, was die erhaltenen Dokumente über den gewinnträchtigen niederländischen Sklavenhandel von Afrika nach Amerika bestätigen. Dennoch eröffnete die pragmatische Haltung der Politiker und Kaufleute auch den Nichtprotestanten eigene Möglichkeiten. Die Unternehmer, die von den günstigen Bedingungen für den Ausbau des Gewerbes wie auch für die Ausweitung des Handels profitierten und ihren Beitrag dazu leisteten, konnten Kalvinisten, Katholiken oder Juden sein. Die Maler Jan Vermeer und Jan Steen, deren Bilder am Anfang dieses Buches stehen, waren nur zwei der vielen katholischen Künstler, die ihre Werke erfolgreich sowohl an Protestanten als auch an Katholiken aus der Mittelschicht verkauften.

14 Esaias van de Velde. *Das Fährboot,* 1622. Öl auf Holz, 76 x 113 cm. Amsterdam, Rijksmuseum

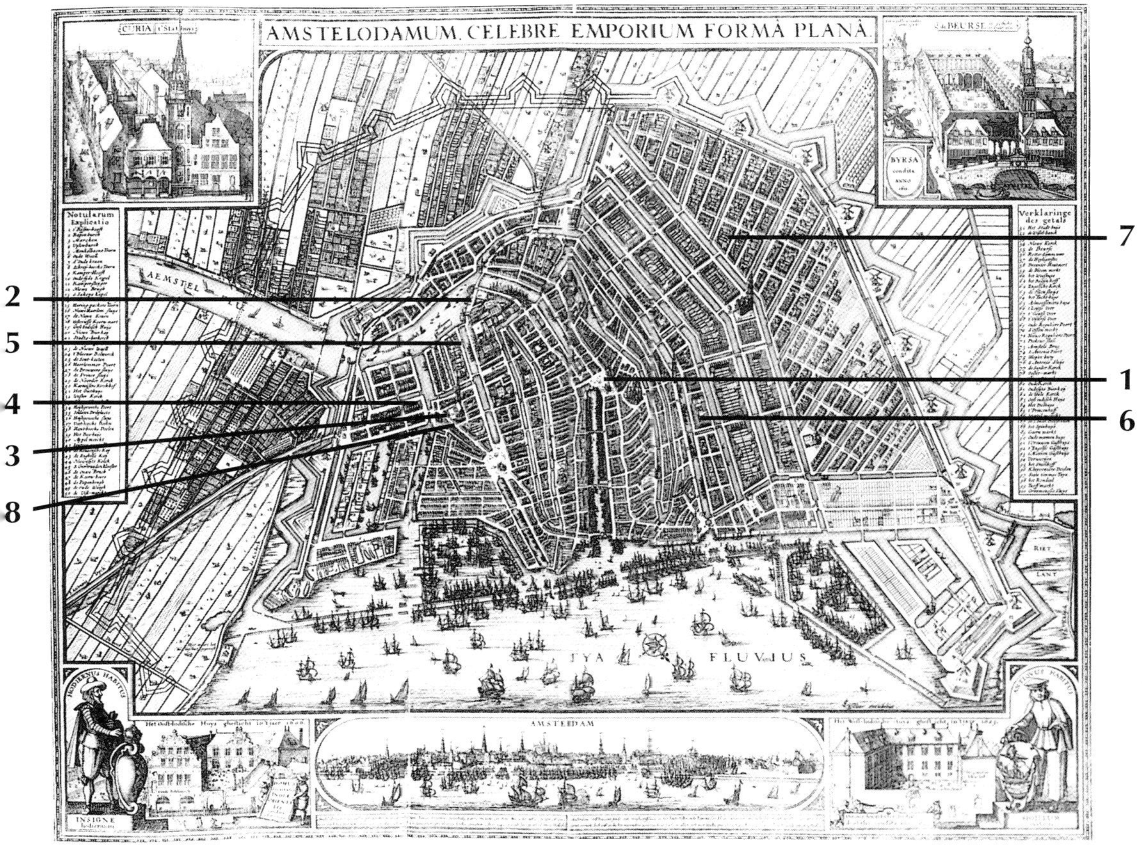

Die Ausbildung der Künstler und die Produktion von Gemälden

Die Herstellungs- und Vertriebsmethoden für Bilder ähnelten zur Zeit der Republik organisatorisch denen anderer Gewerbezweige, obwohl die Schönheit und der geistige Gehalt der herausragendsten Gemälde und Drucke der Kunstproduktion einen besonderen Glanz verliehen. In fast allen Städten kontrollierte die St.-Lukas-Gilde, benannt nach dem Schutzheiligen der Künstler, die Produktion und den Verkauf von Gemälden, Drucken und Skulpturen. Vor dem 17. Jahrhundert gehörten Künstler oftmals den Zünften der Buchbinder, Kunsttischler oder Anstreicher an. Beeinflußt durch die Entwicklung während der Renaissance in Italien, wo Maler und Bildhauer ihre eigenen, von den intellektuell niedriger stehenden Handwerkern unabhängigen Verbindungen gegründet hatten, begannen die niederländischen Künstler verstärkt für ihre eigenen Gilden zu kämpfen. Dieses Bestreben entsprach der zunehmenden Spezialisierung in den meisten Sparten gewerblicher Produktion, war jedoch auch Kennzeichen für ein ge-

15 Amsterdam im 17. Jahrhundert. Wichtige Orte innerhalb der Stadt:
1. Neues Rathaus
2. Versammlungssaal der Bürgerwehren, für die Rembrandt *Die Nachtwache* malte
3. Haus von Pieter Lastman
4. Rembrandts Haus, 1639–1658
5. Haus von Rembrandts Mäzen Jan Six
6. Haus von Frans Banning Cocq, dem Hauptmann in der *Nachtwache*
7. Haus von Govert Flinck
8. Haus von Hendrick Uylenburgh, Rembrandts erstem Händler

16 Adriaen van Ostade. *Der Maler in seiner Werkstatt,* 1663. Öl auf Holz, 38 x 35,5 cm. Dresden, Staatliche Kunstsammlungen, Gemäldegalerie Alte Meister

steigertes Selbstbewußtsein der Maler und Zeichner, die ihr Handwerk nun als Kunst betrachteten.

Um Maler oder Zeichner zu werden, mußte ein Junge (Mädchen wurden in diesen Berufen äußerst selten ausgebildet) einen Meister finden, der ihn, wenn er zwischen 10 und 15 Jahre alt war, als Lehrling annahm. Die Eltern des Lehrlings mußten an den Meister eine Gebühr für den Unterricht, das Arbeitsmaterial und häufig auch für Kost und Logis entrichten. Der Lehrling half, das Atelier aufzuräumen und sauberzuhalten, er lernte Metallspitzen (die Vorläufer der Bleistifte) zu schärfen, Leinwände auf einen Rahmen zu spannen, Bürsten zu binden, Farbpigmente zu mahlen, Farben herzustellen, Leinwände oder Holztafeln für ein Gemälde zu grundieren sowie Kupferplatten für einen Stich vorzubereiten. In der Darstellung eines Malerateliers von Adriaen van Ostade (1610–1685) sieht man im Hintergrund einen Schüler, der auf einem Stein Pigmente zerreibt (Abb. 16). Die Jungen lernten auch zeichnen, zunächst nach Skizzen, Drucken und Gemälden des Meisters, später nach unbelebten Gegenständen wie Gipsabgüssen von antiken Statuen, anatomischen Modellen oder Körperteilen.

Die moderne Praxis, Aktfiguren zu zeichnen, war selten und wurde fast immer nach männlichen Modellen geübt. Mit der Zeit wurde es durch die Einrichtung sogenannter Zeichenakademien einfacher, nackte Modelle zu finden. Solche Schulen entstanden nach italienischem Vorbild, wo man sie bereits seit dem 16. Jahrhundert kannte. Die älteste niederländische Akademie, die 1583 in Haarlem gegründet wurde, war kaum mehr als eine lockere Gemeinschaft dreier Freunde, Karel van Mander (1548–1606), Hendrick Goltzius (1558–1617) und Cornelis Cornelisz. (Cornelis van Haarlem; 1562–1638). Eine zweite inoffizielle Akademie entstand zu Beginn des 17. Jahrhunderts in Utrecht; ähnliche Zeichengemeinschaften wurden dann in Amsterdam um Rembrandt Harmensz. van Rijn (1606–1669) und in Den Haag gegründet. Diese Akademien existierten neben den Gilden und boten zusätzliche Möglichkeiten zum Malen, und vielleicht bildeten sie auch ein Forum für Dispute über theoretische Probleme.

Sobald die Lehrlinge in der Lage waren, zu zeichnen und Kompositionen zu entwerfen, lernten sie, mit Pinsel und Palette zu malen, zunächst nach den Werken des Meisters. Bald wurde ihnen dann gestattet, die weniger wichtigen Bereiche in den Gemälden des Meisters zu vollenden, beispielsweise die Kleidung bei Porträts oder Landschaftshintergründe. Nach den Bestimmungen der Gilden konnte ein Meister ein solches Gemeinschaftswerk unter seinem eigenen Namen verkaufen. So signierte etwa Michiel van Miereveld (1567–1641), der im ersten Viertel des 17. Jahrhunderts der erfolgreichste Porträtmaler war, Gemälde, die er zusammen mit seinen Lehrlingen geschaffen hatte, mit seinem eigenen Namen. In ganz seltenen Fällen erlaubte er ihnen vielleicht sogar, das gesamte Porträt nach seinem persönlichen Entwurf zu malen (s. Abb. 10).

Wenn ein Lehrling nach Beendigung der Ausbildung über genügend Rücklagen verfügte, um ein eigenes Atelier zu eröffnen, wurde er selbständiger Meister und konnte nun eigene Lehrlinge ausbilden; vielfach blieben die Jungmeister jedoch als Gesellen in der Werkstatt des Meisters. Der soziale Status eines Malers konnte deshalb zwischen dem eines Tagelöhners, eines unabhängigen Meisters oder eines angesehenen Hofkünstlers wie van Miereveld oder Gerard van Honthorst (1590–1656) liegen, der sich auf Porträts

17 Gerard van Honthorst. *Margareta Maria de Roodere und ihre Eltern,* 1652. Öl auf Leinwand, 140 x 170 cm. Utrecht, Centraal Museum

Porträtbilder von durchschnittlich begabten Amateurmalern wie Maria de Roodere verdeutlichen das wachsende Ansehen, das Malerei und Zeichnung als intellektuell und gesellschaftlich anerkannte Künste genossen.

hochrangiger Amtsträger spezialisiert hatte. In einem dieser Bildnisse, das Margareta Maria de Roodere und ihrer Eltern zeigt, stellt van Honthorst noch einen anderen Künstlertypus dar: den wohlhabenden Amateur, der aus Freude an der Sache malt (Abb. 17). Auf diese Weise erwarben sich mehrere Frauen Anerkennung als Malerinnen. Zwar waren fast alle einflußreichen Meister Männer, jedoch ist mehr als ein Dutzend Namen von Malerinnen überliefert, die den Rang eines Meisters erlangten; die bekannteste von ihnen war Judith Leyster (1609–1660).

Das Atelier eines Meisters bestand für gewöhnlich aus einem ›Malraum‹ mit nach Norden weisenden Fenstern, die ein gleichmäßiges Licht einließen; in den meisten niederländischen Gemälden beleuchtet dieses Licht Gegenstände, Menschen und sogar Landschaften von links. Der Meister besorgte die Rohmaterialien, die er und seine Lehrlinge für die spätere Verwendung vorbereiteten. Als sich die Kunstproduktion stärker spezialisierte, übernahmen Lieferanten diese Aufgaben, indem sie Pinsel, Metallgriffel, Farben sowie grundierte Leinwände und Holztafeln verkauften.

Wie die Künstler ihre Bilder tatsächlich ausführten, war von Atelier zu Atelier verschieden; es gab jedoch Gemeinsamkeiten. Die meisten Maler bereiteten ihre Gemälde mit Hilfe von Zeichnungen vor, einschließlich einer Skizze der Gesamtkomposition und detaillierter Studien von Personen, Gegenständen und Körperpartien. Der Maler in Adriaen van Ostades Werkstatt sitzt vor seiner Staffelei, wie es damals üblich war, und malt nach einer Zeichnung, die oben befestigt ist, auf einer Holztafel. Als Bildträger wurden Holztafeln oder mehr und mehr die billigeren Leinwände verwendet. Diese wurden gewöhnlich mit einer Grundierung versehen, die Kreide, weißes oder braunes Pigment und ein Bindemittel wie Öl oder Leim enthielt. Auf dieser Grundierung skizzierten die Maler mit Kreide oder Bleistift einen ersten Entwurf, der dann in einem einzigen Farbton nachgezeichnet wurde. Danach wurden die Farbschichten der späteren Komposition aufgetragen, wobei man gewöhnlich mit dem Hintergrund der Darstellung begann und zum Vordergrund weiterarbeitete; möglicherweise ließ man bestimmte Partien für Figuren und Objekte frei, die sich im Vordergrund befanden, oder legte solche Details nachträglich über dem gemalten Hintergrund an. Oftmals veränderten die Maler ihre Kompositionen oder korrigierten Fehler, indem sie sie einfach übermalten. Ist die oberste Farbschicht im Laufe der Jahrhunderte transparent geworden, sind solche Überarbeitungen (*pentimenti*) nunmehr wieder sichtbar und verdeutlichen so den Malprozeß. Die meisten Maler trugen zum Schluß eine schützende Firnisschicht auf. Diese Lasuren dunkeln im Laufe der Zeit ausnahmslos nach und verleihen den Gemälden häufig einen Braunstich.

Der Handel mit Kunst

Als die Republik um 1600 an Wohlstand gewann, und dann vor allem nach dem Waffenstillstand von 1609, wuchsen die Absatzmöglichkeiten für Bilder nachgerade explosionsartig. Dieser Markt befriedigte die Bedürfnisse ganz unterschiedlicher Einkommensgruppen und Gesellschaftsschichten. Im Vergleich zu anderen europäischen Märkten fällt auf, daß in den Niederlanden die Kirche als Auftraggeber praktisch ausfiel. Die kalvinistische Lehre gestattete das Anbringen von Altarbildern sowie die Darstellung von Gottvater und Jesus Christus zur Verehrung nicht, und auch den katholischen Heiligenkult, der so viele Gemälde und Skulpturen benötigte, lehnte man ab. Erlaubt waren Bilder zu didaktischen Zwecken oder als Dekoration, aber solche Werke – Darstellungen von biblischen Szenen, Landschaften, Gebäuden oder Stilleben – sollten eher Profanbauten als Kirchen schmücken.

Die meisten Bilder wurden von Angehörigen der Mittelschicht gekauft, die man auch als ›burgher‹ bezeichnete, von einfachen Handwerkern bis hin zu reichen Honoratioren. Vor allem die wohlhabenden Bürger sammelten jedoch mit Leidenschaft. Sie hängten die Bilder überall in ihren Häusern auf, die größten und schönsten wahrscheinlich in einem im ersten Stock gelegenen Wohnzimmer (dem ›saal‹), andere in Schlafzimmern, Eingangshallen und sogar in der Küche. Als die Bürger reicher wurden, insbesondere nach dem Friedensschluß von 1648, bauten sie immer prächtigere Häuser, in denen man nicht nur mehr, sondern auch größere Bilder unterbringen konnte. Die gesteigerte Produktion großformatiger Gemälde nach der Mitte des Jahrhunderts läßt sich teilweise aus dieser Entwicklung erklären. In Amsterdam und Leiden wohnten die Sammler in prächtigen, in modernstem Stil gebauten Häusern an den großen Grachten (Abb. 18). Das hier abgebildete Leidener Wohnhaus gehörte den de la Courts, einer Familie von Sammlern, die für ihren erlesenen Geschmack berühmt war. Eine Puppenstube aus dem Besitz von Petronella Oortmans-de la Court (1624–1707) gibt einen Eindruck von der meist symmetrischen Hängung der Gemälde in den Häusern reicher Bürger (Abb. 19). Das Puppenhaus selbst stellt eine Miniaturensammlung dar, für die ihre Besitzerin 1600 Möbelstücke und Bilder sowie 28 kostbare Puppen anfertigen ließ.

Die großen Sammler gaben ihre Gemälde direkt bei einem Künstler in Auftrag, wobei das Thema, das Format und der Preis

18 Willem van der Helm (?).
Haus in der Rapenburg 6, Leiden, um 1668

genau festgelegt wurden. Die in Den Haag residierenden Statthalter nahmen bestimmte Maler in ihren Dienst, die Porträts und Historienbilder schufen. Der Hof ließ auch Gärten anlegen und Gebäude errichten, von denen einige geradezu verschwenderisch ausgestattet waren. Im Jahre 1647 ließ Amalie von Solms (1602–1675), die Witwe des Statthalters Friedrich Heinrich, die zentrale Halle ihrer neuen Residenz in ein Mausoleum für ihren Ehemann umbauen (Abb. 20). Constantijn Huygens (1596–1687), Dichter und einflußreicher Sekretär des Statthalters, und der Hofarchitekt Jacob van Campen (1595–1657) entwarfen ein Dekorationsschema, das wie eine malerische Biographie Friedrich Heinrichs wirkte; ausgeführt wurden die vom Fußboden bis zur Decke reichenden Gemälde von dem protestantischen flämischen Maler Jacob Jordaens (1593–1678) und verschiedenen anderen niederländischen und flämischen Künstlern. Diese Bilder waren weniger dazu bestimmt, tatsächliche Ereignisse in Erinnerung zu rufen, sondern waren eher Allegorien zum Lobpreis des klugen, tugendhaften und siegreichen Statthalters. Die von Jordaens

19 Puppenhaus der Petronella Oortmans-de la Court, um 1670–1690.
Holz mit Miniaturgegenständen und Puppen,
210 x 180 x 74 cm.
Utrecht, Centraal Museum

Die Besitzerin der Puppenstube und ihr Ehemann waren auch als Sammler von Bildern bekannt.

20 Jacob van Campen, Jacob Jordaens u.a. Nord- und Ostwand des Oranjezaal im Huis ten Bosch, Den Haag, 1647–1652. Öl auf Holz und Leinwand, Höhe des Raumes 19 m, die Leinwände im unteren Bereich der Wand sind maximal 8,25 m hoch.

Das Huis ten Bosch wurde von Pieter Post unter Aufsicht seines Lehrers Jacob van Campen entworfen. Jacob Jordaens' *Der Triumphzug des Prinzen Friedrich Heinrich* (Öl auf Leinwand, 7,3 x 7,5 m) bildet das Zentrum der Saaldekoration, die Darstellung darüber zeigt die Auffahrt des Statthalters in den Himmel, während in den seitlichen Feldern verschiedene Gruppen von an der Prozession beteiligten Personen dargestellt sind. Bei Hofe plante man, die Gemälde als Drucke zu reproduzieren, ein Vorhaben, das jedoch nicht ausgeführt wurde, wahrscheinlich, weil die Generalstaaten das Statthalteramt zu dieser Zeit aussetzten.

bemalte Ostwand bildete den Mittelpunkt der Komposition. Dort sieht man die Apotheose Friedrich Heinrichs auf einem Triumphwagen; er wird begleitet von seinem Nachfolger Wilhelm II. Der Statthalter wird als Begründer und Garant des Friedens und des Wohlstands in den Niederlanden präsentiert, symbolisiert durch Attribute des Sieges wie den Ölzweig oder das Füllhorn. Er führt mit seinem Wagen einen sich über alle Wände erstreckenden Triumphzug an, der sich durch mehrere Triumphbögen im unteren Teil der Wände bewegt. So sind beispielsweise zwischen der Nord- und der Westwand Personen dargestellt, die Produkte aus

21 Jan Vermeer. *Junge Frau mit Wasserkanne am offenen Fenster,* um 1662. Öl auf Leinwand, 45,7 x 40,6 cm. New York, Metropolitan Museum of Art

Ost- und Westindien wie die Kriegsbeute in römischen Triumphzügen tragen. Allein Friedrich Heinrich scheint die militärischen Erfolge und die Reichtümer der Republik hervorgebracht zu haben. Während es die Auftraggeberin und ihre Gäste sicherlich genossen, die gelehrten Anspielungen zu enträtseln, beeindruckt der Raum heute vor allem durch den überwältigenden Reichtum an Bildern. Eine derartig prunkvolle Ausmalung war typisch für die zeitgenössischen europäischen Fürstenhöfe, jedoch ungewöhnlich für die Republik, wo die Macht des Statthalters vom Wohlwollen der Generalstaaten abhing. Die Wahl der allegorischen Themen und der Malstil des Oranjezaal verraten viel über die politischen und kulturellen Ambitionen des Oranierhofes.

Außerhalb des Hofes pflegten viele Künstler eine einträgliche Beziehung zu Sammlern, die möglicherweise jedes Jahr mehrere Bilder erwarben. Jan Vermeer (Abb. 21) hatte eine solche Übereinkunft mit dem Unternehmer Pieter van Ruijven (1624–1674) getroffen. Gerrit Dou (1613–1675) und sein Schüler Frans van Mieris (1635–1681) erhielten von zwei Leidener Finanziers regelmäßige Zahlungen für das Vorkaufsrecht an allen Bildern, die sie schufen. Es gibt keine Hinweise darauf, daß diese Sammler Bilder zu speziellen Themen in Auftrag gaben; sie hatten lediglich das Vorrecht, jedes der Gemälde zu kaufen, die der Meister vollendete. Üblicherweise gingen die Kunden jedoch in eine Malerwerkstatt, um ein fertiges oder noch in Arbeit befindliches Bild zu erwerben. Solche Stücke waren preiswerter, denn ein Maler konnte nicht daran interessiert sein, ein übermäßig kostbares Werk zu schaffen, ohne zu wissen, ob sein Aufwand je entschädigt werden würde. Maler veräußerten ihre Arbeiten auch über Kunsthändler, in Buch- oder Bilderläden (Abb. 22) sowie auf den jährlichen Messen. Letztere boten denjenigen, die außerhalb der Gilden arbeiteten, die einzige Möglichkeit, ihre Bilder in anderen Städten zu verkaufen.

22 Salomon de Bray. *Buch- und Bilderladen,* 1628. Feder und Tinte auf Papier, 7,6 x 7,6 cm. Amsterdam, Rijksmuseum

Wie in anderen modernen Gewerbezweigen jener Zeit bewirkte die wachsende Nachfrage auf dem freien Markt eine verstärkte Spezialisierung der Produktion und veranlaßte die Künstler, sich auf bestimmte Bildgenres zu konzentrieren. Einige Graphiker und Verleger beschränkten sich auf gedruckte Reproduktionen nach bekannten Kunstwerken, während sich andere beispielsweise der Landschaftsdarstellung widmeten. Diese Spezialisierung hatte im 16. Jahrhundert in Antwerpen ihren Anfang genommen, das damals das Zentrum der niederländischen Bildproduktion war; die eigentliche Herausbildung bestimmter Genres vollzog sich jedoch in der Zeit der Republik. Hierzu zählten Landschaften, Stadtansichten, Porträts, ›Historienbilder‹ nach biblischen, antiken oder zeitgenössischen Texten, Tierdarstellungen, Stilleben sowie Alltags-

23 Abraham Bloemaert. *Die Anbetung der Heiligen Drei Könige,* um 1623/24. Öl auf Leinwand, 4,2 x 2,9 m. Grenoble, Musée de Peinture et de Sculpture

Bloemaert malte dieses Altarbild, das eines seiner größten ist, für den Jesuitenorden in Brüssel (damals in den südlichen Niederlanden). Solche Aufträge wurden zur Zeit der Republik der Niederlande außerordentlich selten vergeben. Bloemaerts strahlende Farben und die prächtige Ausstattung passen gut zum Thema und entsprachen dem Wunsch der Jesuiten nach einem lebhaften Hintergrund für ihren Hauptaltar.

szenen. Seit dem 18. Jahrhundert wird die letztgenannte Art von Bildern, die Schilderung des täglichen Lebens, unter dem etwas irreführenden Begriff ›Genredarstellungen‹ zusammengefaßt, obwohl damit nur ein Genre unter vielen bezeichnet wird. Im 17. Jahrhundert wurden ›Genredarstellungen‹ wesentlich genauer durch Themenangaben wie ›lustige Gesellschaft‹, ›Bauernmarkt‹, ›Karneval‹ oder ›der Raucher‹ spezifiziert. Die meisten Bildtypen lassen sich sogar noch genauer klassifizieren: etwa Landschaften mit Schlittschuhläufern, italianisierende Ansichten oder Seestücke, und auch die Porträts umfaßten beispielsweise Einzelbildnisse wie auch Gruppendarstellungen. Obwohl solche Kategorisierungen immer etwas künstlich wirken, haben die Maler und ihre Kunden im 17. Jahrhundert anscheinend mit derartigen Begriffen operiert. Die Kenntnis der ungeschriebenen Gesetze eines bestimmten Genres kann dem heutigen Betrachter wichtige Hinweise an die Hand geben, um zu erkennen, wie konventionell oder neuartig ein Bild war.

Es ist nicht einfach, die Vorliebe für ein bestimmtes Bildgenre mit speziellen Sammlertypen zu verbinden, aber es zeichnen sich doch gewisse durchgehende Tendenzen ab. Alle Arten von Kunden scheinen Porträts bestellt zu haben, sowohl einzelne Ladenbesitzer und Handwerker als auch die Vorstände örtlicher Bürgerwehren oder Handelsgesellschaften. In einigen Fällen lassen sich Auftraggeber mit bestimmten Themen in Verbindung bringen: Großformatige Szenen aus dem Neuen Testament wurden oft von den inoffiziell geduldeten katholischen Kirchen bestellt. Der katholische Maler Abraham Bloemaert (1564–1651), ein Bürger des überwiegend katholischen Utrecht, malte aufsehenerregende Altarbilder in einem Stil, der an die italienischen Gemälde des 16. Jahrhunderts erinnerte (Abb. 23). Kalvinistische Sammler waren häufig besonders an Themen aus dem Alten Testament interessiert, denn Calvin hatte ein sorgfältiges Studium jener biblischen Geschichten empfohlen. Der Amsterdamer Maler Jan Victors (um 1620– nach 1676), der hauptsächlich Szenen aus dem Alten Testament darstellte, schuf diese offensichtlich in erster Linie für kalvinistische Auftraggeber (Abb. 24). Der Hof des Statthalters wiederum förderte in den 20er und 30er Jahren des 17. Jahrhunderts eine neue Richtung bei den Historienbildern und Porträts: die pastoralen Szenen mit Schilderungen der Liebe zwischen Schäfer und Schäferin, angesiedelt in lieblichen Landschaften. 1635 schufen vier Maler eine Serie von Pastoralen für den Hof des Statthalters, zu der auch die beliebte Geschichte von Amaryllis und Mirtillo zählte. In einem von ihnen, gemalt von Dirck van der Lisse (gest. 1669), spielen Mädchen Blindekuh mit dem Schäfer Mirtillo (Abb. 25). Das letzte Bild der Reihe stellt einen Kußwettbewerb dar – ein Thema, das der höfischen Kultur entsprach, wo man Schäferspiele aufführte und vortrug. Seit der Mitte des Jahrhunderts fanden auch viele Bürger mit aristokratischen Ambitionen und einer Vorliebe für die Schäferromantik Gefallen an den Hirtenidyllen.

Die Sammler kauften Bilder nicht allein wegen ihres dekorativen, künstlerischen oder erzählerischen Wertes. Mancher trug

24 Jan Victors. *Das Mahl der Esther,* um 1640. Öl auf Leinwand, 172 x 229 cm. Kassel, Staatliche Museen, Gemäldegalerie Alte Meister

Die jüdische Heroine Esther, Ehefrau des persischen Königs Ahasverus, berichtet ihrem Mann von den Plänen seines Beraters Haman (links im Bild), alle Juden im Perserreich zu töten.

25 Dirck van der Lisse. *Blindekuh,* 1635. Öl auf Leinwand, 127 x 142 cm. Berlin, Staatliche Schlösser und Gärten, Jagdschloß Grunewald

Objekte, Zeichnungen und Drucke vor allem deshalb zusammen, um sein Wissen über die Erde, ihre Flora und Fauna und nicht zuletzt über fremde Kulturen zu erweitern. In Amsterdam erwarb der katholische Anwalt Laurens van der Hem (1621–1678) einen prächtigen Atlas aus Einzelblättern und ließ dessen Karten handkolorieren und binden (Abb. 26). Im Verlauf der 70er Jahre klebte er Zeichnungen und gedruckte Karten, Porträts, Landschaftsbilder und historische Darstellungen dazu, bis er schließlich ein Konvolut von 29 Bänden über die Welt und ihre Geschichte sein eigen nannte. Van der Hem vervollständigte seine Kollektion durch 200 Mappen mit Arbeiten auf Papier und mehrere tausend Bücher. Dieser Atlas wurde so berühmt, daß er auch renommierte Besucher aus anderen Ländern anzog, denn die hier gesammelten Informationen spiegelten in ihrer geographischen Reichweite den weltumspannenden Wirkungskreis des niederländischen Handels.

26 Jeremias Falck nach **Nicolaes Berchem** (?). *Africa*, um 1662–1677. Handkolorierter Kupferstich von Dirk van Santen für den *Atlas van der Hem*, 44,4 x 28,6 cm. Wien, Österreichische Nationalbibliothek, Kartensammlung und Globenmuseum

Im Titelkupfer zum Afrika-Kapitel dieses Atlas' sind die Elemente zusammengestellt, die nach europäischem Verständnis den Kontinent und seine Bewohner als ›wild‹ und ›naturhaft‹ kennzeichneten: eine spärlich bekleidete Frau, begleitet von einem Löwen, einem Elefanten und Schlangen; sie präsentiert die Reichtümer Afrikas wie Gold und Elfenbein.

Man hat mit guten Argumenten nachzuweisen versucht, daß die Marktmechanismen die Technik der niederländischen Maler sehr viel stärker beeinflußt haben als ihren Stil. Die Gemälde von Jan Vermeer, Gerrit Dou und Frans van Mieris, also von Malern, die durch ihre Auftraggeber über ein verhältnismäßig sicheres Einkommen verfügten, sind technisch außergewöhnlich akkurat und fein, was auf eine überdurchschnittlich lange Arbeitszeit schließen läßt (s. Abb. 21). Diese Werke erzielten Preise von mehreren hundert Gulden. Andere Künstler – vor allem Landschaftsspezialisten, die hauptsächlich für den freien Markt arbeiteten – entwickelten seit den 20er Jahren des 17. Jahrhunderts einfachere Kompositionsschemata und einen flüssigen, lockeren Pinselduktus, der in manchen Partien die Grundierung durchscheinen ließ (s. Abb. 14). Dieser Stil erlaubte ihnen ein höheres Maltempo bei geringerem Farbverbrauch. Obwohl diese Maler niedrigere Preise als ihre langsameren Kollegen verlangten und pro Bild im Durchschnitt wohl nur 20 Gulden einnahmen, konnten ihre Einkünfte dank des höheren Umsatzes doch beträchtlich sein.

Die außergewöhnlich erfolgreiche Karriere Rembrandt van Rijns (1606–1669) vermittelt uns ein anschauliches Bild der verschiedenen Aspekte der künstlerischen Ausbildung, Produktion und Vermarktung. Nach dem Besuch der Lateinschule und der Universität in seiner Heimatstadt Leiden ging Rembrandt bei einem ortsansässigen Maler in die Lehre. Um spezielle Fertigkeiten auf dem Gebiet der Historienmalerei zu erwerben, begab er sich 1624 für eine Zusatzausbildung zu Pieter Lastman (um 1583–1633) nach

27 Pieter Lastman. *Paulus und Barnabas in Lystra,* 1617. Öl auf Holz, 58 x 114 cm. Amsterdam, Historisches Museum

Die Geschichte von Paulus und Barnabas konnte als treffendes Beispiel für den Widerstand der frühen Christen gegen die Idolatrie, die Verehrung von mehr als einem Gott oder von Bildern, dienen. Dieser Streitpunkt war ein zentrales Problem der reformierten Theologen, die den katholischen Ritus mit seinen Bildern, Reliquien und Weihrauch ablehnten, da sie diese Dinge für Werkzeuge der Idolatrie hielten.

Amsterdam. Lastman hatte etwa vier Jahre in Italien verbracht, und nach seiner Rückkehr 1607 avancierte er zum führenden Amsterdamer Historienmaler. Wie vielen anderen Künstlern, die um die Jahrhundertwende in Italien gearbeitet hatten, ging es Lastman besonders um eine klare Erzählweise und ein überzeugendes, wenngleich erfundenes historisches Ambiente mit einer entsprechenden Ausstattung. Sein Gemälde *Paulus und Barnabas in Lystra* aus dem Jahre 1617 (Abb. 27) erzählt die Geschichte der beiden Apostel, wie sie in Lystra einen Lahmen heilten. Die Einwohner der heidnischen Stadt glaubten, daß die Fremden Jupiter und Merkur seien, und brachten Rinder herbei, um ihnen diese zu opfern. Der Jupitertempel im Hintergrund, vor dem eine Statue des Gottes steht, gibt dem Betrachter einen zusätzlichen Verweis auf die Deutung der Geschichte.

Rembrandts Kunstschaffen macht deutlich, daß er viel von Lastmans erzählerischem Talent und seinen Neuinterpretationen historischer Ereignisse gelernt hat. Nach seiner Rückkehr nach Leiden, wo er sich als selbständiger Meister niederließ, suchte er die Herausforderung in einem künstlerischen Wettstreit mit Jan Lievens (1607–1674), einem weiteren vielversprechenden Schüler Lastmans; dies führte auch zu einem regen Gedankenaustausch zwischen beiden Malern. Ihre ersten Arbeiten erinnern in ihrer strahlenden Farbgebung und der dramatischen Erzählweise an das Werk ihres Lehrers.

Schon bald lernte Rembrandt den Dichter Constantijn Huygens, den Sekretär des Statthalters, kennen, der auch kenntnisreiche Abhandlungen über die Kunst verfaßte (s. Abb. 7). Huygens bewunderte Rembrandts Historiengemälde, und er war ihm dabei behilflich, vom Hof Aufträge für Porträts und Szenen aus der Leidensgeschichte Christi zu erhalten. Um 1631 zog Rembrandt nach Amsterdam, wohl weil er sich vom dortigen blühenden Markt, den er aus seiner Lehrzeit bei Lastman kannte (s. Abb. 15), bessere Möglichkeiten versprach. Darüber hinaus muß ihm klar gewesen sein, daß es auf diesem Markt einen speziellen Bedarf an seinen Spezialthemen gab: die Porträt- und die Historienmalerei. Rembrandts Debut in Amsterdam wurde zunächst von Hendrick Uylenburgh (1587–1661) unterstützt, einem wichtigen Händler und kunstverständigen Unternehmer. Mit seiner Hilfe eroberte Rembrandt den Amsterdamer Kunstmarkt im Sturm – mit Porträts, die seine Zeitgenossen als unglaublich lebensnah beschrieben. In den 30er Jahren entwickelte er auch bei seinen Historiengemälden einen lebendigen Malstil.

28 Rembrandt Harmensz. van Rijn. *Bildnis des Jan Six,* 1654. Öl auf Leinwand, 110 x 100 cm. Amsterdam, Privatbesitz

Rembrandt hatte viele Lehrlinge, die ihm – so überliefern es zeitgenössische Dokumente – jährlich 100 Gulden zahlten, sowie Gesellen. Diese jungen Künstler kopierten seine Werke und arbeiteten mit ihm an seinen Gemälden. Er verkaufte solche Bilder als eigene Arbeiten, und möglicherweise gestattete er den Schülern sogar, die Werke des Meisters zu ›signieren‹, indem sie seine Unterschrift nachahmten. Diese Art Gütesiegel machte deutlich, daß die Gemälde aus seinem Atelier stammten, eine Praxis, die keineswegs verboten war. Als Rembrandt jedoch berühmter wurde, legten die Sammler verstärkt Wert darauf, daß ihre Bilder vom Meister persönlich geschaffen worden waren.

Rembrandts Werke und die seiner Werkstatt besaßen in jeder Schaffensphase ein deutlich auszumachendes Erscheinungsbild; so konnte ein Sammler, der in den 40er Jahren ein Bildnis in Auftrag gab, breite dunkelrote, braune und weiße Pinselstriche sowie eine ruhige, harmonische Komposition erwarten. Schriftzeugnisse lassen darauf schließen, daß einer dieser Porträtierten, der Amsterdamer Regent Jan Six (1618–1700), diesen Stil wegen seiner ungezwungenen Eleganz und den deutlich sichtbaren Spuren der künstlerischen Handarbeit besonders schätzte (Abb. 28). Six besaß mehrere Exemplare eines berühmten italienischen Werkes aus dem 16. Jahrhundert, *Das Buch vom Hofmann* von Baldassare Castiglione (1478–1529); die niederländische Übersetzung aus dem Jahre 1662 war ihm gewidmet. Castiglione empfahl nicht nur ein bewußt nonchalantes Auftreten, sondern beschrieb darüber hinaus auch, wie unterschiedliche Individuen gemäß ihrer natürlichen Veranlagung einen ganz persönlichen Stil entwickeln. Möglicherweise mochte Six Rembrandts Porträtstil nicht nur wegen seines individuellen Ausdrucks, sondern auch wegen seiner scheinbaren Leichtigkeit.

2. Kapitel

Wort und Bild

Die kalvinistischen Prediger lehnten eine Verwendung von Bildern bei der religiösen Andacht ab, so daß die umfangreiche Bildproduktion in der Republik der Niederlande zunächst verwundern mag. Für diesen scheinbaren Widerspruch lassen sich jedoch Erklärungen finden; Texte und Bilder vermittelten Wissen auf einander ergänzenden Wegen, welche der kalvinistische Lehre in bezug auf den Bilderkult nicht widersprachen.

Ikonoklasmus und das Privileg des Wortes

Im 16. Jahrhundert war die Bibel eine der Hauptkonfliktquellen zwischen protestantischen und katholischen Theologen. Während Luther und Calvin für einen Glauben kämpften, der sich auf eine textnahe Interpretation der Schrift stützte und der allen Menschen durch die Bibelausgaben in der Landessprache zugänglich sein sollte, wollten die katholischen Autoritäten diesen Zugang durch die Vermittlerfunktion der Priester einschränken, denn diese zählten zu den wenigen, die die lateinische und griechische Bibel lesen konnten. Die katholischen Theologen bestanden darüber hinaus auf der Vermittlerrolle von Heiligen und der Sakramente auf dem Heilsweg der Gläubigen und förderten aktiv deren Kult, wobei die Verbreitung von Bildern – von preiswerten Drucken bis zu prächtigen Altargemälden – eine wichtige Rolle spielte. Die kalvinistischen Prediger verurteilten diese Praxis auf das schärfste und betonten, daß das Heil allein vom Glauben abhänge. Besonders verwerflich schien ihnen die katholische Vorstellung, daß der Glaube durch bildliche Darstellungen von Heiligen und Dogmen vertieft werden könne, und so vergab die kalvinistische Kirche fast keine Aufträge für die dekorative Ausstattung ihrer Gotteshäuser.

Die protestantische Haltung zur bildlichen Darstellung führte im 16. Jahrhundert darüber hinaus mehrfach zu Schüben von Bilderstürmerei (Ikonoklasmus), deren gewalttätige und oft ritualisierte Angriffe auf Gemälde und Skulpturen die katholischen

29 Gerrit Dou. *Lesende alte Frau,* um 1630. Öl auf Holz, 71 x 55,5 cm. Amsterdam, Rijksmuseum

Die Frau liest über den Einzug Jesu in Jericho, eine Episode aus dem Lukas-Evangelium. Die Illustration zeigt den Steuereintreiber Simon, der auf einen Baum geklettert ist, um das Ereignis zu beobachten. Jesus, der zu ihm hinaufschaut, geht trotz der Einwände seiner Begleiter in das Haus dieses Mannes, denn der Berufsstand der Steuereintreiber wurde allgemein als korrupt betrachtet. Für die Protestanten war diese Geschichte ein Gleichnis dafür, daß ein Sünder durch seinen Glauben gerettet werden kann.

Kirchen in ganz Nordeuropa heimsuchten. In den Niederlanden breitete sich 1566 von Stadt zu Stadt eine verheerende Welle ikonoklastischer Übergriffe aus. Als sich die protestantischen Kirchen um die Jahrhundertwende institutionell etablierten, wurden solche Attacken seltener, aber die Frage nach den religiösen Darstellungen beeinflußte weiterhin die niederländische Bildproduktion. 1610 nutzte das Domkapitel der Kathedrale von 's-Hertogenbosch den Waffenstillstand, um einen prächtigen Lettner bauen zu lassen (Abb. 30). Dieser ersetzte eine fast völlig zerstörte Vorgängerkonstruktion, die während der Bilderstürme 1566 schwer beschädigt worden war und später einem Feuer zum Opfer fiel. Mit seinen Heiligenfiguren und den Allegorien der christlichen Nächstenliebe war der neue Lettner ein Symbol für die Vitalität des Katholizismus in dieser Stadt und die Bedeutung, die den Skulpturen im katholischen Gottesdienst zukam.

In der protestantischen Republik war die einst blühende Bildhauerkunst merklich zurückgegangen, vor allem im Vergleich mit der sich entfaltenden Bildproduktion. Obwohl die Ikonoklasten Gemälde und Skulpturen gleichermaßen vernichtet hatten, war den kalvinistischen Predigern die Skulptur ein besonderer Dorn im Auge, und ihre Zerstörung wird in Drucken, die ikonoklastische Übergriffe darstellen, deutlich betont; offensichtlich hielt man Statuen für besonders gefährlich, weil deren Plastizität den Eindruck einer realen Existenz der Heiligenfiguren verstärken konnte. Da viele Bildwerke des 16. Jahrhunderts bemalt waren oder aus farbigem Stein bestanden, war ihre Wirkung vielleicht so verblüffend wie die moderner Wachsfiguren, besonders in düsteren Kirchen, die nur durch bunte Glasfenster und Kerzenlicht beleuchtet wurden.

Angesichts des Fehlens nennenswerter Aufträge durch die Kirche in den nördlichen Niederlanden schufen verschiedene Maler, unter denen Pieter Saenredam (1597–1665) als größter Neuerer gilt, ein neues Genre von Kirchenbildern; es zeigte die Schönheit der unberührten Wände protestantischer Kirchen, die praktisch von jeglicher Dekoration frei blieben (Abb. 31). In den kalvinistischen Gotteshäusern war das wichtigste Ausstattungsstück die Kanzel, von der die Prediger vorlasen und der Gemeinde predigten. In Saenredams Darstellung von St. Bavo in Haarlem hängt die Kanzel an einem Pfeiler im Hintergrund. Dieses Kircheninterieur gehört zu den ›neutralen‹ Bildgenres, die die Kalvinisten vor allem zu Dekorations- und Lehrzwecken, weniger als Anschauungsmaterial für den Gottesdienst gestattet hatten.

Rembrandt und seine Anhänger spezialisierten sich auf biblische Szenen, wobei sie nicht die bedeutenden Ereignisse selbst, sondern die tiefen Gefühlsregungen der beteiligten Personen in den Vordergrund stellten, eine künstlerische Vorgehensweise, die den didaktischen Wert für die Zeitgenossen deutlich erhöhte. Einer der berühmtesten Stiche Rembrandts, das sogenannte *Hundertguldenblatt* – wohl so genannt nach dem Preis, den ein Kunsthändler angeblich dafür bezahlte –, thematisiert die protestantische Haltung zu den

30 Coenraet van Norenborch u.a. Der Lettner der Johannes-Kathedrale in 's-Hertogenbosch, 1610–1613. London, Victoria and Albert Museum

Das Foto wurde um 1866 von A. G. Schull aufgenommen, als sich der Lettner noch in der Kathedrale befand. Im folgenden Jahr gelangte er in das South Kensington Museum nach London. Die Statue Johannes' des Evangelisten (rechts), des Schutzpatrons der Kathedrale, ist ein Werk des Amsterdamer Bildhauers Hendrick de Keyser. Die kalvinistische Kirche, der er angehörte, zwang ihn, die Arbeit daran wieder aufzugeben.

31 Pieter Saenredam. *Der Innenraum von St.Bavo in Haarlem,* 1648. Öl auf Holz, 200 x 140 cm. Edinburgh, National Gallery of Scotland

Die auffällig ins Blickfeld gerückte Orgel erinnert an Bibelzitate, die die Gläubigen ermahnen, Gott mit Musik und Gesang zu preisen und mit ihrer Hilfe die christliche Botschaft zu verkünden. Diese Anspielung bezieht sich wahrscheinlich bewußt auf die kalvinistische Diskussion über die Orgelmusik während der Messe. Während strenggläubige Theologen Musik für wertlos hielten, wurde in den meisten Kirchen weiterhin Orgel gespielt.

religiösen Darstellungen (Abb. 32). Rembrandt zeigt Christus, als predige er gerade, und die Reaktion des Publikums auf seine Worte, wie es intensiv zuhört und nachdenkt oder diskutiert und heftig gestikuliert. Während das *Hundertguldenblatt* auf diese Weise lehrhaft erscheint, ist es auch ein treffendes Beispiel für Rembrandts Fähigkeit, aus traditionellen Texten originelle Bildthemen zu entwickeln; er arbeitet darüber hinaus mit einer sehr individuellen Strichtechnik, die von hellen, feinen Linien bis zu tiefen, verschwommenen Schatten variiert. Indem er einzelne biblische Ereignisse miteinander verbindet, demonstriert Rembrandt auch den Vorzug von Bildern: In einer Szene drücken sie aus, was nur mit vielen Worten gesagt werden könnte. Der Preis für diesen Druck läßt vermuten, daß Sammler ihn wegen seiner künstlerischen Ausdruckskraft und auch wegen seiner Botschaft geschätzt haben, die die Menschen ungeachtet konfessioneller Bindungen erreichte.

Kalvinisten und Generalstaaten waren sich einig in ihrem Bestreben, die Menschen zum Lesen der Bibel sowie auslegender Schriften zu ermutigen. Auf Antrag der Synode von Dordrecht finanzierten die Generalstaaten eine herausragende literarische Leistung: eine neue Bibelübersetzung ins Niederländische, die auf den griechischen und hebräischen Originaltexten beruhte. Die Arbeiten an dieser ›Staatenbibel‹ zogen sich über zwei Jahrzehnte hin, 1637 wurde sie veröffentlicht. In Übereinstimmung mit der kalvinistischen Lehre, daß die Gläubigen die Bibel studieren

32 Rembrandt Harmensz. van Rijn. *Christus heilt die Kranken (Hundertguldenblatt)*, um 1642–1649. Kupferstich und Kaltnadelradierung, 27 x 38 cm. London, British Museum

Es gibt Hinweise darauf, daß Rembrand diesen Stich ursprünglich als Geschenk und nicht zum Verkauf schuf. Seine Technik und die Interpretation des Themas sind so individuell, daß man dieses Werk als Zusammenfassung seiner künstlerischen Fähigkeiten betrachten kann. Rembrandt verknüpft hier mehrere Szenen aus dem Evangelium des Matthäus und gruppiert sie um Christi Heilung der Kranken.

33 Gerard Terborch. *Die Briefleserin,* um 1660.
Öl auf Leinwand, 79 x 68 cm.
London, Ihre Majestät, Königin Elizabeth II.

Terborch stellte häufig elegant gekleidete Männer und Frauen beim Schreiben oder Lesen von Briefen dar, oftmals, wie hier, in Gesellschaft von Dienstboten, Familienmitgliedern oder Freunden, die still auf die Reaktion des Lesenden warten. Wohlhabende Bürger übernahmen von den Adeligen das Ritual des Liebesbriefschreibens.

sollten, stellten die Maler häufig Menschen beim Lesen der Bibel dar. Zu Beginn der 30er Jahre malte Gerrit Dou eine alte Frau, die in einem Lektionar liest, einer Sammlung biblischer Texte in volkstümlicher Aufmachung für die häusliche Andacht. Dabei ist neben jedem Abschnitt die Illustration zu erkennen, die den Text erläutert (Abb. 29). Obwohl die katholische Kirche im 16. Jahrhundert begonnen hatte, solche Bücher herauszugeben, hielt auch die kalvinistische Kirche sie durchaus geeignet für den häuslichen Gebrauch. Dou zeigt die Frau im Profil, ganz in ihren Text vertieft. Wie Rembrandt in seinem *Hundertguldenblatt* betonte Dou gleichzeitig das Primat des Wortes und die visuelle Kraft der Kunst, indem er eine bebilderte Seite zeigte und derart akribisch malte, daß jede Hautfalte festgehalten zu sein scheint.

Dou arbeitete in Leiden, der ersten Universitätsstadt der Niederlande, und es überrascht nicht, daß viele der dort entstandenen Bilder lesende Menschen oder Bücher wiedergeben. Obwohl das Bildungsniveau einer Gesellschaft schwer zu messen ist, lassen zeitgenössische Beschreibungen und die Analyse der überlieferten Schriftzeugnisse doch darauf schließen, daß die Niederländer insgesamt belesener waren als andere europäische Völker, obwohl das Lesen wahrscheinlich weiter verbreitet war als die Fähigkeit zu schreiben. Viele Gemälde zeigen lesende, nach einem Buch singende, schreibende oder Briefe lesende Menschen, es bildete sich schließlich sogar ein eigenes Genre heraus, das der Liebesbrief-Gemälde, wie es Gerard Terborch (1617–1681; Abb. 33) so meisterhaft beherrschte.

34 Hans Collaert nach **Jan van der Straet,** auch **Stradanus** genannt. *Die Kunst des Kupferstechens*, um 1600. Kupferstich, 20,3 x 27,3 cm

Rechts sieht man einen Meister, der ein Bild in eine Kupferplatte ritzt, in der Mitte wärmen Gehilfen Tafeln an, während links Druckplatten und Papier durch eine Presse geschoben werden. Nach dem Druck werden die feuchten Bögen zum Trocknen aufgehängt.

Worte in Bildern

Die Verbindung von Text und Illustration wie in dem von Dou dargestellten Lektionar ist typisch für viele Bücher, die in der Republik gedruckt und gelesen wurden. Zahlreiche Publikationen bereicherten Texte mit Bildern, angefangen von einfachen Flugblättern mit Darstellungen aktueller Ereignisse oder mit Spottversen bis hin zu Geschichtsbüchern und wissenschaftlichen Abhandlungen. Die gedruckten Illustrationen konnten zwar in verschiedenen Techniken hergestellt werden, etwa als Holzschnitt oder Radierung, aber die Verleger bevorzugten wegen seiner Strapazierfähigkeit und der klaren Umrißlinien den Kupferstich mit dem Grabstichel (Abb. 34). Um einen solchen Stich herzustellen, benötigt ein Künstler einen Grabstichel, ein spitzes Werkzeug, um aus der Kupferplatte ein Bild zu schneiden, wobei die ausgefrästen Metallspäne abgewischt werden. Diese schwierige Arbeit erfordert

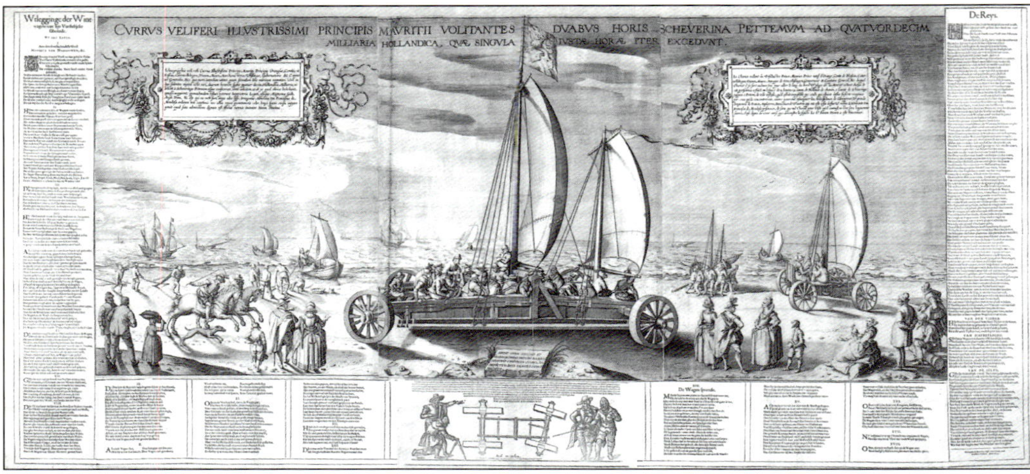

35 Willem van Swanenburg und **Christoffel van Sichem** nach **Jacob de Gheyn II.** *Die Segelwagen,* 1603. Kupferstich, Holzschnitt und Buchdruckerplatten, 54 x 125,5 cm. Amsterdam, Rijksmuseum

Das große Format des Drucks machte es erforderlich, ihn mit Hilfe von drei verschiedenen Platten herzustellen, die unten rechts mit den Buchstaben a, b und c gekennzeichnet sind. Der kleinere Segelwagen rechts wurde für eine Testfahrt verwendet. Simon Stevin, der Erfinder des Wagens, war darüber hinaus für den Bau von Befestigungsanlagen berühmt.

großes Können, um scharfe Linien zu erzielen. Die Platte wird dann mit Tusche eingerieben und wieder abgewischt, so daß die Tinte in den gravierten Linien zurückbleibt und die übrige Platte sauber ist. Danach legt man ein Blatt Papier auf die Bildseite der Platte und schiebt beides zusammen durch eine Presse, so daß die Tinte aus der eingeritzten Darstellung auf das Blatt gedrückt wird und ein Abdruck entsteht. Die klaren Linien können ungewöhnlich objektiv wirken, und teilweise ist darin der Grund dafür zu sehen, daß der Kupferstich für die Wiedergabe aktueller Ereignisse, wissenschaftlicher Illustrationen und Reproduktionen von Kunstwerken bevorzugt wurde. Gedruckt wurde auch nach Holzschnitten, eine Technik, die klare, diagrammartige Bilder entstehen läßt. Der Holzschneider entfernt den Hintergrund seiner Darstellung, so daß das Bild in erhabenen Stegen auf dem Holzstock stehenbleibt. Der Druck auf die Bildplatte kann jedoch schnell zu Beschädigungen führen, wodurch sich die Lebensdauer eines Holzstocks auf einige hundert Kopien reduziert, während von einer Kupferplatte Tausende von Abzügen hergestellt werden können.

Die anspruchsvollsten Flugblätter kombinierten meist verschiedene Drucktechniken, wobei die Platten von einem oder auch mehreren Künstlern geschaffen wurden, die ihre Drucke entweder selbst publizierten oder für einen Verleger arbeiteten. Der großformatige Stich *Die Segelwagen* ist ein treffendes Beispiel für ein solches Flugblatt (Abb. 35). Der Statthalter Moritz gab es bei seinem Freund Jacob de Gheyn II. (1565–1629) in Auftrag, um an seine zweistündige Fahrt entlang der Küste in diesem windangetriebenen Gefährt zu erinnern, das sein Hofingenieur Simon Stevin (1548–1620) entworfen hatte. Willem van Swanenburg (1581/82–1612) stach das Hauptbild, und Christoffel van Sichem I. (um 1546–1624), der als Herausgeber auftrat, fügte das Holzschnittdiagramm am unteren Rand hinzu. Doch trotz des scheinbar objektiven Eindrucks, den der Stich auf den ersten Blick macht, und der erläuternden Funktion des Holzschnitts ist dieser Druck keine rein wertneutrale Dokumentation. Ein langes Gedicht berichtet nicht nur über die Konstruktion und die Geschwindigkeit des Fahrzeugs, sondern singt auch ein Loblied auf die Niederlande und ihren Befreier Moritz. Das große Format ist ungewöhnlich für ein Flugblatt, aber es erfreute sich so großer Beliebtheit, daß es desungeachtet mehrfach nachgedruckt wurde. Die Generalstaaten waren von diesem Werk so begeistert, daß sie de Gheyn 70 Gulden für einige kolorierte Drucke dieser Vorlage bezahlten, und man legte es in den folgenden Jahrzehnten immer wieder auf.

De Gheyn war einer von vielen Künstlern, die Druckvorlagen für die florierende niederländische Buchproduktion schufen. Einige unter ihnen schrieben sogar illustrierte Bücher. Adriaen van de Venne verfaßte mehrere Gedichte, die er mit eigenen Stichen illustrierte. Seine lange Beschreibung eines Jahrmarkts in Den Haag ist, so lobt sich der Autor selbst, ebenso lebendig wie die dazugehörigen Bilder (Abb. 36). Der Titel, *Szenen aus einer lächerlichen Welt*, verrät etwas über den Charakter der Illustrationen – das gesamte Werk macht sich mit seinen Texten und in seiner Bebilderung über gesellschaftlich unliebsame Zustände lustig, etwa über Frauen, die ihren Ehemann drangsalieren.

Während bei den meisten Büchern die Illustrationen nur sparsam eingesetzt wurden, verlangten andere vom Leser, Text und Bild zusammen zu studieren, um die Botschaft wirklich zu verstehen. Vor allem bei den ›Emblembüchern‹ war eine solche doppelte Aufmerksamkeit vonnöten. Dieses Literaturgenre, das sich in der Renaissance in Italien entwickelt hatte, erfreute sich in den Niederlanden außergewöhnlich weiter Verbreitung. Das Prinzip eines Emblembuches ist einfach: Jedes Emblem besteht aus einem Motto (einem prägnanten Sinnspruch) und einer Darstellung, die durch ein Gedicht miteinander verbunden sind, letzteres erläutert ihre Beziehung zueinander und gibt eine Belehrung über ihre Bedeutung für ein tugendhaftes Leben ab (Abb. 37). In einem von Johan de Brune (1588–1658) entworfenen und von Adriaen van de Venne illustrierten Emblem wischt eine Frau einem Säugling unter dem Motto: »Was ist dieser Körper außer Gestank und Mist?« das Gesäß ab. Ein ausführliches Gedicht des strenggläubigen Kalvinisten de Brune lehrt, daß der menschliche Körper, wie schön er auch sein mag, aus einer Vereinigung von Fleisch entsteht und nicht anders als solches Fleisch verwest und riecht. Die Konsequenz hieraus, so betonten es die niederländischen Schriftsteller wieder und wieder, ist die Vergeblichkeit alles irdischen Strebens, auch der menschlichen Liebe. Für sich betrachtet, wirken das Bild und das Motto wie ein Rätsel, und ein Teil des Vergnügens für den Leser mochte darin bestehen, die Bedeutung zu erraten, bevor man die Erklärung las.

Belacchende VVerelt. 109

Binnen met gesloten deur.
Tamme Lubbert.
Is een Man gelijck een leur?
Fijtje Gozis.
'kVVeet niet veul daar op te seggen,
Al wat smaat is laat ick leggen.
Sonder quaat zijn goede Mans.
Tamme Lubbert.
Sonder goet zijn VVijfs by-kans.
Fijtje Gozis.
Laat de Mans, en laat de Vrouwen
Elck heur goet, en quaat behouwen;
Ick die ben een vrye maaght,
O 3 VVeet

Denckt.
Binnen so wel Man als buyten.
De Man is eerst vande Aerde geschapen / daerom hy deftigh/gestadigh/ en gront-houdend is.
De Vrou is van been gemaeckt uyt de sijd, waerom sy lichter bijst genegen 't Kakebeen meer te rammelen.
Licht Swicht.
Quaet is nypt goet.

36 Anonym nach **Adriaen van de Venne.** *Johannes der Wäscher.* Kupferstich und Buchdruck aus den *Tafereel van de Belacchende Werelt (Szenen aus einer lächerlichen Welt)*, 1635. Kupferstich, 9,5 x 13 cm. Privatbesitz

Van de Vennes Text macht sich lustig über die Diskrepanz zwischen dem öffentlichen Ansehen eines Mannes und seiner privaten Unfähigkeit, seine Frau so zu behandeln, wie es von ihm erwartet wird. Indem er sich bückt, um die Befehle seiner Angetrauten auszuführen, übernimmt dieser Mann – gemäß den Vorstellungen des 17. Jahrhunderts über die häusliche Rollenverteilung – eine weibliche Rolle. Die zänkische und unschickliche Haltung der Frau galt nach den gleichen Konventionen als viel zu männlich-aggressiv.

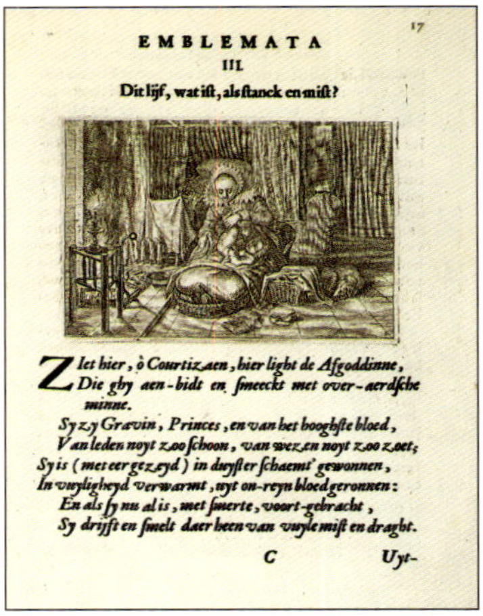
17

EMBLEMATA
III.
Dit lijf, wat iſt, als ſtanck en miſt?

Ziet hier, ô Courtizaen, hier light de Afgoddinne,
Die ghy aen-bidt en ſmeeckt met over-aerdſche minne.
Sy zy Gravin, Princes, en van het hooghſte bloed,
Van leden noyt zoo ſchoon, van wezen noyt zoo zoet;
Sy is (met eer gezeyd) in duyſter ſchaemt' gewonnen,
In vuyligheyd verwarmt, uyt on-reyn bloed geronnen:
En als ſy nu al is, met ſmerte, voort-gebracht,
Sy drijft en ſmelt daer heen van vuyle miſt en draght.

C Uyt-

37 Willem de Passe (1598–um 1637) nach einem Entwurf von **Adriaen van de Venne.** *Was ist dieser Körper außer Gestank und Mist?* Emblem III aus Johan de Brune, *Emblemata of zinne-werck (Emblemata oder Der Sinn der Arbeit)*, 1624. Kupferstich, 7,6 x 11,4 cm. Privatbesitz

Der erläuternde Text zu diesem Emblem geht über fünf weitere Seiten. De Brunes Werk ist eines der detailfreudigsten niederländischen Emblembücher überhaupt, sein komplizierter Stil und die vieldeutigen Anspielungen machten es jedoch eher ungeeignet für einen größeren Leserkreis, der einfachere Emblembücher bevorzugte.

Emblemata konnten komplizierte allegorische Andeutungen enthalten, die nur dem belesenen Betrachter verständlich waren, im 17. Jahrhundert zeigten sie jedoch, wie etwa bei de Brune, oftmals einfache alltägliche Gegenstände oder Szenen aus dem täglichen Leben. Deshalb ähneln sie den zeitgenössischen Genrebildern, und es ist oft darauf hingewiesen worden, daß die Emblembücher bei der Interpretation solcher Darstellungen aus dem ›wirklichen Leben‹ eine Hilfe sind. Adriaen van Ostades *Alchimist* aus dem Jahr 1661 ist hierfür ein treffendes Beispiel (Abb. 38). Vor seinem Kamin hockend, versucht der Alchimist unedles Metall in Gold zu verwandeln, während im Hintergrund eine Frau, wahrscheinlich seine Ehefrau, einem Säugling das Gesäß abwischt. Ein Betrachter des 17. Jahrhunderts hätte sicherlich den dahinterstehenden Gedanken erkannt: Im unendlichen Kreis der Schöpfung gilt alles menschliche Streben nicht mehr als der Geruch einer Babywindel, was auch de Brunes Emblem sagen will. Das Motiv paßt zum Thema des Alchimisten, nicht nur, weil die Exkremente des Babys an die Rohstoffe denken lassen, mit denen dieser arbeitet, sondern auch, weil die Alchimie im allgemeinen als eitle Narretei verurteilt wurde, die Gottes Allgewalt bei der Erschaffung der Welt anzweifelte und katastrophale finanzielle Konsequenzen haben konnte, wie der schäbige Raum andeutet.

Die Entdeckung solcher Übereinstimmungen zwischen Gemälden und Emblembüchern wie auch anderen illustrierten Texten hat neue Erkenntnisse gebracht, aber sie hat auch dazu verführt, die Bildinhalte auf allzu knappe Botschaften zu reduzieren. Die Betrachter im 17. Jahrhundert zogen zweifellos Lehren aus solchen Bildern und hatten Freude daran, sie zu entziffern, aber sie schätzten Bilder auch für Qualitäten wie besondere Realitätsnähe, spannende Erzählweise, Komposition, überzeugende Darstellung von Gefühlen oder die beeindruckende Adaption des klassischen Stils. Zudem zeigt sich, daß die Heranziehung von Emblemata bei der Interpretation von Gemälden bei einigen Bildern zu besseren Resultaten führt als bei anderen. Bei van Ostades Alchimisten etwa ähnelt die Art, wie das Auge durch den Bildraum schweift und dann im Hintergrund schließlich eine wichtige Anspielung entdeckt, der Methode, mit der man die Beziehung zwischen dem Bild und dem Motto entziffert. Bleibt der Betrachter jedoch auf der emblematischen Ebene stehen, übersieht er vielleicht eine ironische Spitze, die van Ostade in seinem Bild versteckt hat: Wie der Alchimist verwandelt der Maler unedle Materialien in Kostbarkeiten, zu denen auch dieses Gemälde zählt.

Andere Gemälde wiederum geben zu wenige oder zu viele Informationen, als daß sie sich einer sinnvollen emblematischen Interpretation erschlössen: Viele Dinge können sich auf unzählige, teilweise widersprüchliche Vorstellungen beziehen. In einem solchen Fall ist es unmöglich, zu beweisen, daß ein Gegenstand die eine und nicht eine andere ›Bedeutung‹ hat. Die zeitgenössischen

Betrachter waren sich solcher Mehrdeutigkeiten bewußt und hatten sogar Vergnügen daran. Bei seinen *Szenen aus einer lächerlichen Welt* warnte van de Venne seine Leser, in diesem Buch würden, wie im Leben, alle möglichen Ereignisse geschildert, und die Leser müßten sich darüber eigene Gedanken machen. Falls ihnen die Texte nicht gefallen sollten, so riet van de Venne, sollten sie zur Seite schauen. Dies war ein überaus listiger Rat, denn seitlich neben dem Haupttext waren Randnotizen gedruckt, die für den Leser weitere Rätsel, moralisierende Kommentare und Sprichwörter bereithielten, die ihn zum Nachdenken anregen sollten. Diese Zusätze tragen, ähnlich wie die Details in den Genrebildern, nicht immer zur Klärung der Bedeutung des Textes bei, sondern können sogar die Zahl der Interpretationsmöglichkeiten erhöhen. Die Komposition von van de Vennes Gedicht wie auch die vieler Genrebilder macht deutlich, daß wir, wenn wir zu konzentriert nach einer einzigen Bedeutung suchen, möglicherweise die zahlreichen Aspekte unterschlagen, unter denen Gemälde und Texte gesehen wurden. Darüber hinaus läßt eine zu einseitige Interpretation außer acht, daß vor allem bei den einfacheren Arbeiten die unterschiedlichen gesellschaftlichen Voraussetzungen des Betrachters wie Religion, Erziehung, soziales Umfeld und Geschlecht durchaus abweichende Reaktionen auf eine Darstellung hervorrufen konnten.

38 Adriaen van Ostade. *Der Alchimist,* 1661. Öl auf Holz, 34 x 45,2 cm. London, National Gallery

Die heruntergekommene Einrichtung des Raumes ist wahrscheinlich das Ergebnis der unklugen Geschäftsunternehmungen des Alchimisten. Ein solcher Bankrott wurde zu Zeiten der Republik gnadenlos verspottet, denn der Staat war dringend auf das finanzielle Geschick und die hohe Produktivität einer breiten Mittelschicht angewiesen.

39 Jan van der Heyden. *Zimmerecke mit Raritätensammlung,* 1712. Öl auf Leinwand, 75 x 63,5 cm. Budapest, Szépmüvészeti Múzeum

Die hier versammelten Gegenstände erinnern an die vielfältigen Themen im *Atlas van der Hem* (s. Abb. 26). Zur Standardkollektion gehören kartographische Objekte, eine Bibel, ein italienisches Historienbild, naturgeschichtliche Dinge (der Gürteltier-Kadaver sowie die Elfenbein- und Schildpattintarsien des Schränkchens) sowie exotische Artefakte (der Orientteppich, das chinesische Seidentuch und das japanische Zeremonienschwert).

Innerhalb der Bilder finden sich ebensohäufig Texte wie umgekehrt Darstellungen in Texte eingefügt wurden. Wie die Maler in anderen Ländern haben viele niederländische Künstler des 17. Jahrhunderts ihre Gemälde signiert, im Gegensatz zum Mittelalter, wo nur wenige Bildhauer oder Manuskriptilluminatoren ihre Arbeiten mit ihrem Namen kennzeichneten. Das Signieren von Bildern als gängige Praxis war in den Niederlanden etwas verhältnismäßig Neues. Wir mögen dies heute als Selbstverständlichkeit betrachten, aber damals hatte das Auftauchen von Unterschriften wesentliche Auswirkungen auf die Art der Bildbetrachtung. Der Name des Künstlers auf einem Gemälde lenkt die Aufmerksamkeit auf den Herstellungsprozeß und zerstört damit die Illusion, daß das Bild eine getreue Schilderung der Realität ist. Vielleicht war Pieter Saenredam dieser Effekt bewußt, und er wollte ihm entgegenwirken – er setzte seinen Namen oftmals so in seine Bilder, als sei er ein Graffito auf einer Kirchensäule. Dabei gab er als Garantie, daß er selbst diese Szene festgehalten hatte, exakt den Ort und das Datum an: »Dies ist die große Kathedrale von Haarlem in Holland. Pieter Saenredam hat dieses Gemälde am 27. Februar 1648 vollendet« (s. Abb. 31). Wie in juristischen Dokumenten sollte die Unterschrift auch das Urheberrecht des Künstlers an dem Werk besiegeln. Selbst wenn er nicht das gesamte Bild gemalt hatte, so garantierte sie dem Käufer doch, daß das Gemälde aus der Werkstatt des Meisters stammte.

Maler und Graphiker gaben ihren Darstellungen zudem Texte bei, um Informationen über ihre Bildsujets zu vermitteln. Bei Porträts ist häufig das Alter, manchmal auch der Name des Dargestellten angegeben; damit sollte bestätigt werden, daß das Bild eine bestimmte Person zu einer bestimmten Zeit wiedergab. Wurde das Signieren von Gemälden im 17. Jahrhundert gängige Praxis, so spielte die Porträtmalerei als Erinnerungsbild an individuelle Persönlichkeiten in den Niederlanden bereits im 15. Jahrhundert eine wichtige Rolle. Beide Entwicklungslinien verweisen in Europa auf ein neues Interesse für das Individuum, worauf wir im fünften Kapitel noch einmal zu sprechen kommen werden.

Auch viele andere Sujets wurden mit Texten kombiniert, vor allem Stilleben und Genredarstellungen. In seiner *Zimmerecke mit Raritätensammlung* aus dem Jahre 1712 arrangiert Jan van der Heyden (1637–1712) Bücher, Globen und Kostbarkeiten aus fremden Ländern wie eine Miniaturkollektion; sie wird von ihrem Besitzer offensichtlich auch benutzt, denn der Atlas und die Bibel rechts liegen aufgeschlagen auf dem Tisch (Abb. 39). Die Bibel ist am Beginn des Ekklesiastes, einem der wichtigsten Bücher des Alten Testaments, geöffnet, und dort sind die Eingangsworte »Eitelkeit, nur Eitelkeit, alles ist Eitelkeit« zu lesen. Niederländische Prediger und Stillebenmaler haben diesen Text häufig zitiert, um die Eitelkeit – im Sinne von Nutzlosigkeit – aller weltlichen Güter zu betonen. Diese Worte waren so bekannt, daß sie dem Genre der ›Vanitas‹-Stilleben den Namen gaben: Darstellungen von Dingen, welche die Vergänglichkeit des Lebens symbolisieren.

Unter den Genremalern war es Jan Steen, der am häufigsten Texte benutzte, um seine Bilder zu kommentieren. Das im Bild zu lesende Motto: »Hütet Euch vor dem Luxus« weist den Betrachter auf die moralisierende Absicht hin und schafft eine Verbindung zwischen Text und Bild, die an die Emblemata erinnert (s. Abb. 3). Häufig dargestellte Texte dagegen erläutern Bilder weniger emblematisch. Stillleben können Bücher von niederländischen Dichtern oder Lobreden auf Seehelden zeigen und so deren Beitrag zur Literatur und Geschichte der Republik feiern. Wie manche scheinbar offenkundige emblematische Attribute in den Genrebildern erläutern die eingefügten Texte häufig nicht die Bedeutung eines Bildes, sondern verunklären sie eher, indem sie zahllose Möglichkeiten bieten, wie etwa die Marginalien in van de Vennes *Szenen aus einer lächerlichen Welt*.

40 Simon Frisius nach **Jan van de Velde I.** Widmungsseite für den *Spieghel der Schrijfkonste (Handbuch der Schreibkunst)*, 1605. Kupferstich, 21 x 32 cm. Amsterdam, Rijksmuseum

Einigen Dichtern und Graphikern ist es gelungen, die Grenze zwischen Zeichnen und Schreiben zu überwinden. Zu Beginn des Jahrhunderts haben Schulmeister und Kupferstecher das Schreiben durch kalligraphische Übungen, die außergewöhnliche manuelle Geschicklichkeit verraten, zu einem eigenen Bildgenre entwickelt. Ein Schrifthandbuch von Jan van de Velde I. (1569–1623) präsentiert komplizierte Entwürfe, welche sowohl die Fähigkeiten des Autors unter Beweis stellen als auch die des Stechers Simon Frisius (um 1580–1629), der diese Vignetten auf Kupfer übertrug (Abb. 40). Es ist vielleicht kein Zufall, daß sich diese spektakulären Höhepunkte der Schreibkunst und ihrer Reproduktion durch den Druck in einem Zeitalter andeuteten, in dem die Europäer voller Stolz auf ihre Bildung und die Druckkunst zu blicken begannen, waren es doch diese Leistungen, die die europäische Zivilisation von den Kulturen in Afrika und der Neuen Welt unterschieden. Diese Geisteshaltung ermöglichte es den Europäern, ihre zunehmenden Aktivitäten zur Kontrolle fremder Länder und ihrer Wirtschaft zu rechtfertigen. Tatsächlich waren die Missionare aufrichtig davon überzeugt, daß ihre Anstrengungen, den ›Wilden‹ das europäische Schriftgut näherzubringen, eine gottgegebene Aufgabe seien.

Die Maler und die verschiedenen Gattungen von Literatur und Kunst

1604 veröffentlichte Karel van Mander (1548–1606) die erste niederländische Abhandlung über Maler und Malerei mit dem schlichten Titel *Het Schilder-Boeck (Das Malerbuch)*; es erschien in

Haarlem, einem führenden Zentrum der Bild- und Buchproduktion. Van Mander, der nach 1585 aus Antwerpen in den Norden gekommen war, gehörte in Haarlem zu den Mitbegründern der ersten, inoffiziellen niederländischen Akademie. Das kunstvoll gestaltete Titelblatt (Abb. 41) macht deutlich, daß ihm die kalligraphischen Neuerungen Jan van de Veldes vertraut waren; immerhin schuf er für dessen Handbuch das Titelbild. Van Manders Abhandlung besteht aus drei Teilen: einem langen Einleitungsgedicht, das die jungen Maler über die Gattungen und Techniken der Malerei belehrt, in Prosa verfaßten Biographien italienischer, deutscher sowie niederländischer Künstler und schließlich der Interpretation eines der berühmtesten Werke klassischer Dichtung, der *Metamorphosen* Ovids. Das Publikum, das van Mander ansprechen wollte, waren »Maler, Kunstliebhaber und Dichter, aber auch alle anderen Stände von Menschen«. Für die »Liebhaber der Kunst« und die modernen Kunsthistoriker waren das Gedicht und die Biographien von größtem Interesse; für viele Maler indessen waren die Erläuterungen zu Ovid wohl nützlicher – die *Metamorphosen* lieferten den Künstlern einen Fundus romantischer und abenteuerlicher Geschichten über die antiken Götter und Heroen: In der Tat beruhten die meisten niederländischen Darstellungen mythologischer Sujets auf diesem Buch und den entsprechenden Kommentaren. Themen aus der Dichtung Ovids waren in der ersten Jahrhunderthälfte vor allem in Haarlem und Utrecht beliebt, und möglicherweise haben die Aktivitäten der inoffiziellen Akademien in den beiden Städten diese Vorliebe gefördert.

Van Mander und seine Haarlemer Kollegen kann man zu den gebildeteren Künstlern des 17. Jahrhunderts rechnen, aber zweifellos kannten viele Maler eine ganze Reihe von Schriften und benutzten sie als Vorlagen. Historienmaler lasen die Bibel und vielleicht die *Geschichte der Juden* von Flavius Josephus (um 37– nach 100), welche die biblischen Erzählungen zu erklären half. Die meisten Maler kannten das Kompendium der allegorischen Darstellungen von Cesare Ripa (um 1560– um 1623), die *Iconologia*, dessen niederländische Übersetzung 1644 erschien. Ripa gab den Künstlern ausführliche Erläuterungen zu den Kennzeichen aller Arten von Personifikationen an die Hand, angefangen von der Treue und dem Lachen bis hin zur Landwirtschaft und der Malerei selbst.

41 Jacob Matham nach einem Entwurf von **Karel van Mander.** Gestochene Titelseite für *Het Schilder-Boeck (Das Malerbuch)*, 1604. 18 x 13 cm. Privatbesitz

Einige Maler schrieben eigene Gedichte und Bühnenstücke. Seit dem 15. Jahrhundert gehörten die niederländischen Künstler vielfach lokalen literarischen Gesellschaften an, den sogenannten Rhetorikerkammern. Diese Amateurschriftsteller, benannt nach den Ursprüngen ihrer dichterischen Kunstfertigkeit in der antiken Rhetorik, schrieben Theaterstücke und Gedichte in drei Themen-

42 Jan Steen. *Der Arztbesuch,* um 1658–1662. Öl auf Holz, 49 x 42 cm. London, Apsley House

Der Maler macht sich über das melodramatische Leiden der Patientin ebenso lustig wie über das wichtigtuerische Gehabe des Arztes, der sich zwar aufspielt, die wahre ›Krankheit‹ aber offensichtlich nicht erkennt. Steen verdeutlicht diese Situation – ein beliebtes Thema der zeitgenössischen Komödie –, indem er dem Arzt ein altmodisches Kostüm überstreift, durch das wissende Lächeln, das der kleine Cupido dem Betrachter zuwirft, und durch die Darstellung eines berühmten Gemäldes von Frans Hals, *Der betrunkene Hofnarr*, oben rechts. Auch die zeitgenössischen Anekdoten veralberten die Unfähigkeit der Ärzte, eine Schwangerschaft zu diagnostizieren, was hier dargestellt ist durch den obskuren Schwangerschaftstest mit Hilfe eines in Urin getauchten Fadens, der in dem Kohlenbecken dampft.

bereichen: dem allegorisch-religiösen, dem amourösen und dem komischen. Wenngleich viele ihrer Schöpfungen auch kurzlebig und für spezielle Gelegenheiten erdacht waren, so bezeugen die überlieferten Beschreibungen von Rhetorikerwettbewerben doch ein hohes Niveau schriftstellerischer Fähigkeiten. Im Verlauf des 17. Jahrhunderts wurde das Verfassen von Gedichten und Dramen jedoch nach und nach eine Domäne professioneller Schriftsteller und Schauspieler, und die Rhetorikerkammern verloren an Bedeutung. Obwohl ihnen noch immer viele Künstler angehörten, insbesondere in Haarlem, machten sich einige Maler in ihren Gemälden über die Rhetoriker lustig. Daß diese als altmodisch hingestellt wurden, zeigt deutlich, daß die Maler in bezug auf die literarische Entwicklung durchaus auf der Höhe der Zeit waren. Zudem verglichen Maler wie van Mander und van de Venne, die über die Kunst schrieben, die Poesie häufig mit der Malerei und setzten damit eine Tradition der antiken Literatur und der italienischen Kunsttheorie fort. Prominente Dichter, etwa Joost van den Vondel (1587–1679) und Jan Vos (um 1620–1667), griffen dieses Bild ebenfalls auf, indem sie Malen als sprechende Poesie und Poesie als stummes Malen bezeichneten.

So wie Genredarstellungen in Aufbau und Motiv emblematischen Texten ähneln können, weisen andere Literaturgattungen ebenfalls bedeutsame Gemeinsamkeiten mit bestimmten Bildtypen auf. Die Genrebilder etwa lassen sich auch mit den bürgerlichen Verhaltensratgebern vergleichen, deren berühmtester von Jacob Cats (1577–1660) verfaßt und von Adriaen van de Venne illustriert worden war. Unkomplizierter als die Emblembücher, beschreiben Cats' lange Texte in einfachen Versen die angemessene Art der christlichen Brautwerbung, Ehe, Kindererziehung und Haushaltsführung. Um seinem Anliegen Gewicht zu verleihen, berief er sich auf biblische Erzählungen, die antike Geschichte und Mythologie sowie auf Beispiele aus dem täglichen Leben und der persönlichen Erfahrung. Diese volkstümliche Verwendung literarischer und theologischer Quellen war in der Genremalerei eine allgemein übliche Methode. So fügte etwa Jan Steen einem so alltäglichen Ereignis wie dem Besuch eines Arztes bei einem jungen Mädchen klassische Anspielungen auf den wahren Grund für das Unwohlsein der Patientin bei (Abb. 42). Direkt über der Patientin hängt ein Gemälde mit der Darstellung von Venus und Adonis, einer populären Geschichte Ovids über eine unglückliche Liebe. Links im Vordergrund spannt ein Junge seinen Spielzeugbogen. Jeder gebildete Betrachter hätte diesen Knaben als Cupido identifizieren können, den berüchtigten Sohn der Venus, der die Menschen mit seinen Pfeilen trifft und sie so liebeskrank macht.

Die niederländischen Literaturtheoretiker zur Zeit der Renaissance hatten eine der klassischen Poetik folgende Rangordnung der literarischen Gattungen aufgestellt. An der Spitze der Hierarchie standen Gedichte und Tragödien, die auf historischen Ereignissen beruhten oder von der Mythologie und der Bibel inspiriert waren. Die Aufgabe der tragischen Dichtung war es, die Menschen besser

43 Cornelis Cornelisz., auch **Cornelis van Haarlem** genannt. *Die Hochzeit von Peleus und Thetis,* 1593. Öl auf Leinwand, 240 x 420 cm. Haarlem, Frans-Hals-Museum

Der Rat der Stadt Haarlem gab dieses Gemälde als Dekoration für ein Gästehaus der Oranier und andere Würdenträger in Auftrag. Die Anspielung auf ein Ereignis aus der Vorgeschichte des Trojanischen Krieges stellte eine eindringliche Mahnung an den Betrachter dar, sich daran zu erinnern, daß auch kleinere Streitigkeiten zu verheerenden Kriegen führen können. Dies war keine ungewöhnliche Botschaft in Haarlem, das bei der spanischen Belagerung von 1573 eine dramatische Niederlage erlitten hatte. Darüber hinaus spiegelt dieses Bild die herausragende Stellung Haarlems als ein Zentrum der zeitgenössischen Historienmalerei.

darzustellen, als sie im wirklichen Leben sind; ihre Sprache sollte außergewöhnlich beredt sein, ihre Gefühle tief und ergreifend. Die Komödie, die die Menschen so präsentiert, wie sie wirklich sind, mit ihrer ungeschliffenen Sprache und all ihren Schrullen und Schwächen, wurde als weniger anspruchsvoll betrachtet. Darunter rangierte die Farce, die die Menschen karikiert und weniger schlüssig konstruiert ist als die Komödie. In der Renaissance entwickelten sich neue Gattungen, etwa das Hirtengedicht mit dem Thema der romantischen Liebe zwischen Schäfer und Schäferin.

Karel van Mander spielte auf eine ähnliche Hierarchie bei den Gattungen der Malerei an. 1678 versuchte der Rembrandt-Schüler Samuel van Hoogstraten (1627–1678) diese Rangfolge in seiner Abhandlung über die Malerei zu systematisieren. Den »dritten und höchsten Rang« schrieb er den Historiengemälden zu, die »die edelsten Taten und Bestrebungen rational denkender Wesen« präsentieren. Den zweiten Rang nehmen die Maler ein, die sich auf

»Kabinettstücke« spezialisiert haben, kleinere Arbeiten zu den verschiedensten Themen, etwa Hirtenidyllen, sonnenbeschienene Felder, Feuer, komische Szenen oder Tiere, also den Bereich der Malerei, den man heute als Landschafts- und Genremalerei bezeichnet. Auf der untersten Stufe stehen die Stillebenmaler, die »Fußsoldaten im Feldlager der Kunst«. Die Porträtmalerei, die van Mander als niederes Handwerk betrachtet hatte, konnte allen Kategorien angehören. Sie imitierte das Leben zu unumwunden und zwang den Künstler nicht, seine Phantasie anzustrengen, wie es bei einem Historiengemälde der Fall war. Wie Ironie mag es anmuten, daß einige der geringgeschätzten Sparten, etwa das Porträt, Genrebilder oder Stilleben, finanziell sehr einträglich waren und ihre Schöpfer berühmt machten. Rembrandt hat sich anscheinend bewußt bemüht, ein Spezialist für Historienbilder zu werden, er schuf jedoch während seiner gesamten Laufbahn immer wieder Porträts, die er sich gut bezahlen ließ.

44 Rembrandt Harmensz. van Rijn. *Die Blendung Simsons,* 1636. Öl auf Leinwand, 190 x 260 cm. Frankfurt am Main, Städelsches Kunstinstitut

1639 bot Rembrandt Constantijn Huygens ein Gemälde an, um ihm für einen Auftrag zu danken, den er durch dessen Vermittlung bekommen hatte, und um sich für dessen zögerliche Ausführung zu entschuldigen. Vielleicht handelte es sich hierbei um *Die Blendung Simsons*. Obwohl das Thema grausam ist, erlaubte es Rembrandt, sein Können als ausdrucksstarker Historienmaler für große Formate ins rechte Licht zu rücken.

Wenngleich sich die meisten Künstler wohl keine großen Gedanken um den Rang ›ihrer‹ Gattung machten, kann eine Analyse der literarischen Genres dem heutigen Betrachter helfen, verwandte Sujets im Bereich der Malerei zu verstehen. Mit den literarischen Genres waren bestimmte rhetorische oder sprachliche Stile wie auch Figuren verknüpft. Kennzeichnend für die tragische Dichtung waren eine erhabene Sprache und stark idealisierte Charaktere, die in folgenschwere Ereignisse verwickelt wurden. Die Historienmalerei verfügte über malerische Entsprechungen für solche Themen und Figuren; Historiengemälde sind beispielsweise im Durchschnitt größer als die Werke anderer Bildgattungen. In dem Bild *Die Hochzeit von Peleus und Thetis* aus dem Jahre 1593, das ein Ereignis aus der Vorgeschichte des Trojanischen Krieges schildert, stellt Cornelis Cornelisz. (1562–1638) die versammelten Götter in zahllosen Variationen als nackte Helden mit schwellenden Muskeln und als zarthäutige Frauen dar (Abb. 43). Ihre idealisierten Körper sind ihrer Unsterblichkeit und dem unheilschwangeren Ereignis, dessen Zeugen sie sind, sicherlich angemessen. Sein grandioser Stil hätte den gebildeten Betrachter zum einen an die Historienmalerei der italienischen Renaissance denken lassen – vor allem an Michelangelo und seine Nachfolger –, zum anderen aber auch an die Wertschätzung der idealen Nacktheit und der komplizierten Posen in der zeitgenössischen Kunsttheorie. Solche Elemente wären in der Genremalerei und bei den Porträts fehl am Platze gewesen.

Die Historienbilder Rembrandts und seiner Schüler feierten die heroische Nacktheit nicht in gleicher Weise; vielmehr stellten sie häufig dramatische Wendepunkte im Verlauf der Erzählung dar, ähnlich wie die Tragödien des 17. Jahrhunderts. Rembrandts *Blendung Simsons* aus dem Jahre 1636 schildert den schrecklichen Augenblick der Blendung, die Blutstropfen, die aus dem Auge des schreienden, gequälten Mannes tropfen (Abb. 44). Delila flieht aus dem höhlenartigen Raum, das abgeschnittene Haar, das die Quelle von Simsons Kraft war, in den Händen haltend. Die Kombination verschiedener Ereignisse innerhalb eines Bildes ist vergleichbar mit einem anderen Kunstgriff der Tragödie, bei dem sich die Protagonisten im dramatischen Dialog an folgenschwere Ereignisse erinnern.

Im Gegensatz dazu sind die Genreszenen oft mehrdeutig, denn sie schildern eher unspektakuläre Situationen als wichtige Momente. Obwohl auch die Komödien eine fortlaufende Geschichte erzählten, gestatteten sie eher die Einfügung humoristischer Szenen und Dialoge, die nicht direkt etwas mit der Handlung zu tun hatten, sondern dazu dienten, bestimmte Charaktere oder Situationen genauer zu charakterisieren. Humoristische Gedichte und die entsprechenden Illustrationen, für die Adriaen van de Vennes *Szenen aus einer lächerlichen Welt* ein gutes Beispiel sind, erinnern an bestimmte Genrethemen wie den *Jahrmarkt*, der vor allem von David Vinckboons (1576–1632), einem flämischen, in Amsterdam lebenden Maler, populär gemacht wurde (Abb. 45). Vinckboons' Bild zeigt zechende Bauern in einem Dorf. Der Betrachter kann sich bei den Einzelszenen mit den trinkenden, lachenden und tanzenden Menschen aufhalten, ohne nach jenem übergreifenden Zusammenhang zu suchen, der gewöhnlich ein Historienbild strukturiert.

Schwierig ist es, die Landschaftsmalerei mit der niederländischen Literatur in Verbindung zu bringen, obgleich sowohl van Mander als auch van de Venne versuchten, die niederländische Landschaft in ihrer Dichtung heraufzubeschwören, und Constantijn Huygens eine Lobeshymne auf das niederländische Landhaus schrieb. Solche Texte waren jedoch von italienischen und antiken Vorbildern abhängig, und sie beschrieben die Landschaft keineswegs mit der akribischen Genauigkeit, die die Gemälde auszeichnet. Niederländische Landschaftsdarstellungen, Stadtansichten und Kircheninterieurs vermitteln offenbar Informationen und Stimmungen, für die es kein literarisches Äquivalent gibt (Abb. 46). Aus Gründen, die sich unserem Verständnis zum Teil entziehen, gelang es der niederländischen Kultur, die besonderen Charakteristika des Landes mit Hilfe malerischer Mittel eindrucksvoller in Szene zu setzen als durch literarische.

45 David Vinckboons. *Der Jahrmarkt,* um 1601–1610. Öl auf Holz, 52 x 91,5 cm. Dresden, Staatliche Kunstsammlungen, Gemäldegalerie Alte Meister

Vinckboons' wirbelnde Komposition mit ihrem außergewöhnlichen Detailreichtum und den schwerfälligen, unbekümmerten Bauerngestalten bewegt sich auf einem ›niedrigen‹ rhetorischen Niveau, das dem humoristischen Bauerngenre angemessen ist. Die Darstellungen tanzender, zechender und sich übergebender Bauern lieferten den städtischen Sammlern durch ihre unprätentiöse Wiedergabe dörflicher Amüsements ein unbeschwertes visuelles Vergnügen.

3. Kapitel

Der Schein der Wirklichkeit

Zu allen Zeiten ist den Betrachtern der niederländischen Gemälde aus dem 17. Jahrhundert deren außerordentlicher Verismus aufgefallen. Wegen ihrer Lebensechtheit hat man diese Bilder oftmals für ungewöhnlich getreue und genaue Schilderungen des Lebens gehalten. Eine Analyse der bildnerischen Mittel, die Realismus suggerierten, und der mit ihrer Hilfe wiedergegebenen Themen soll in diesem Kapitel die Bedeutung, die ›Realismus‹ für das 17. Jahrhundert hatte, klären helfen.

Techniken des Realismus

Trotz ihrer ›fotografischen‹ Wirkung ist Vermeers *Ansicht von Delft* keine Momentaufnahme der Stadt. Dies trifft auf alle Landschaftsdarstellungen des 17. Jahrhunderts zu. Die Maler arbeiteten nicht – wie die Impressionisten – in der freien Natur. Der Arbeitsprozeß im Atelier dauerte Monate, ja sogar Jahre. Wie gelang es den niederländischen Malern dann, ihre exakten Schilderungen der Örtlichkeiten auf der Leinwand festzuhalten?

Ein zentrales Anliegen jeder künstlerischen Arbeit war das Malen »naer het leven«, nach dem Leben. In seinem *Schilder-Boeck* empfiehlt Karel van Mander den Landschaftsmalern, den Tag zu nutzen und zum Skizzieren in die Natur zu gehen. Viele niederländische Landschaftsmaler legten umfangreiche Skizzensammlungen an, teilweise begaben sie sich zu diesem Zweck sogar auf Reisen entlang der Küste oder der großen Flüsse in Deutschland, Italien oder in der Schweiz. Von dem äußerst produktiven Maler Jan van Goyen (1596–1656) haben sich mehr als 1000 Zeichnungen erhalten, von zarten Kreidestudien in seinen Skizzenbüchern bis zu komplizierten, mit Aquarellfarben kolorierten Kompositionen. Obwohl es sich dabei überwiegend um Vorzeichnungen für Gemälde handelte, läßt die große Zahl an erhaltenen Beispielen vermuten, daß sie von Sammlern auch als eigenständige Werke geschätzt wurden. 1646 schuf van Goyen zahlreiche Skizzen von Scheveningen, einem Fischerdorf an der Nordseeküste, die ihm später als Grundlage für seine Gemälde dienten (Abb. 47, 48). Die

46 Gerard Houckgeest. *Die Nieuwe Kerk in Delft mit dem Grabmal Wilhelms I.*, 1650. Öl auf Holz, 125 x 89 cm. Hamburger Kunsthalle

47 Jan van Goyen. *Der Strand bei Scheveningen,* 1646. Öl auf Leinwand, 92,1 x 108 cm. Madrid, Sammlung Thyssen-Bornemisza

Noch stärker als in seiner Zeichnung betont van Goyen das geschäftige Treiben in dem Fischereihafen.

farbenfrohe Strandszene wirkt noch immer wie eine spontane Schilderung, aber der Maler dramatisierte das Bild gegenüber den Zeichnungen, indem er die Dünen vergrößerte und die Wolkenformation betonte. Am verblüffendsten ist der scheinbare Ve-

48 Jan van Goyen. *Der Strand bei Scheveningen,* 1646. Schwarze Kreide und graue Tusche auf Papier, 17,5 x 27,5 cm. Paris, Musée du Louvre

rismus des Lichtes, das durch die dichte Wolkendecke dringt. Van Goyens fast monochrome Zeichnungen konnten eine solch lebendige Atmosphäre nur annähernd festhalten, er muß sie in seinem Atelier nach erinnerten Bildern geschaffen haben. Solche Bilder »uyt den gheest« wurden für mindestens genauso wichtig gehalten wie Zeichnungen nach dem Leben.

Eine Kombination dieser beiden Techniken, »naer het leven« und »uyt den gheest«, wurde auch in anderen Bildgattungen angewendet. Porträtmaler konnten ihre Modelle in deren Haus zeichnen und Kleidung, Ambiente und andere Details später im Atelier hinzufügen. Ein Genremaler zeichnete meistens im Atelier nach Modellen und komponierte seine Gemälde dann anhand von Studien sowie mit Hilfe von Gemälden oder Drucken ähnlicher Sujets. Jan Miense Molenaer hat diesen Malprozeß geistreich in einem Gemälde thematisiert (Abb. 49), in dem ein Maler eine um einen fröhlichen Musikanten versammelte Menschengruppe porträtiert, ein Genre das seit den 20er Jahren des 17. Jahrhunderts in Haarlem sehr populär war. Indem Molenaer die farbenfrohe Gruppe so darstellt, als würde sie gerade eine Pause machen, während der Maler eine neue Palette vorbereitet, betont er die Gekünsteltheit des Musikantengenres, ein Themenbereich, der durch seine Lebendigkeit besonders realistisch wirken kann

Maler, die sich auf Kirchen- oder Hausinterieurs konzentrierten, arbeiteten mit einer ähnlichen Technik, obwohl sie eher Studien

49 Jan Miense Molenaer.
Ein Maler in seinem Atelier beim Porträtieren einer Musikantengruppe, 1631.
Öl auf Leinwand, 91 x 127 cm.
Berlin, Staatliche Museen, Bodemuseum

Molenaer scheint hier seine eigene Situation zu beschreiben, denn er porträtierte häufig Musikanten. Die Komik dieses Genres und des Bildes wird besonders durch den Zwerg und den Affen betont, Standardprotagonisten der Komödie. In vielen Selbstbildnissen und Gemälden von Malerateliers sind Musikinstrumente als Anspielung auf den inspirierenden Einfluß der Musik wiedergegeben.

50 Samuel van Hoogstraten. *Blick in einen Korridor,* 1662. Öl auf Leinwand, 260 x 140 cm. Dyrham Park, National Trust

Unsichtbare, die Bodenfliesen entlanglaufende Linien scheinen sich im Hintergrund oben rechts im Inneren des Kamins zu treffen. Mit dieser Ein-Punkt-Perspektive konstruierte der Maler überzeugend eine Flucht von Räumen.

zur Geometrie zu Rate zogen, die ihnen die Voraussetzungen lieferten, um lichte, perspektivisch konstruierte Räumlichkeiten darzustellen. Einige Maler arbeiteten mit der klassischen Ein-Punkt-Perspektive, die van Mander empfahl und bei der alle von der Bildoberfläche in den Raum führenden Linien in einem Punkt zusammenzulaufen scheinen; ein Beispiel dafür ist Samuel van Hoogstratens *Blick in einen Korridor* (Abb. 50). Nachdem er Rembrandts Atelier verlassen hatte, perfektionierte van Hoogstraten seine Kenntnis in der Handhabung der Perspektive, die er »zichtkunst«, Sehkunst, nannte. 1678 veröffentlichte er auch eine Abhandlung zu diesem Thema. Die Ein-Punkt-Perspektive kann eine Bildoberfläche in eine Art Fenster oder Tür verwandeln, durch die man die Welt in täuschend echter räumlicher Ausdehnung betrachtet. Der Bildraum konterkariert so die zweidimensionale Fläche, auf die er gemalt ist. Die niederländischen Maler arbeiteten häufig mit einer Variante dieses Systems, der Zwei-Punkt-Perspektive, bei der die zurückweichenden Linien in zwei Punkten rechts und links im Bild zusammenlaufen. 1650 verwandte Gerard Houckgeest (um 1600–1661) diese Methode, um das Innere der Nieuwe Kerk in Delft dramatisch nach links und rechts konvergieren zu lassen (Abb. 46). Dieser Kunstgriff lenkt den Blick des Betrachters auf die zentrale Grabstätte des Statthalters Wilhelms I. von Oranien und läßt sie besonders imposant erscheinen.

51 Pieter Saenredam. *Vierung, Mittelschiff und Westportal von St.Bavo in Haarlem, vom Chor aus gesehen,* 1635. Feder und Tinte, schwarze Kreide, gehöht mit Weiß und Gelb, auf blauem Papier, 53,3 x 38 cm. Haarlem, Gemeentearchief

Saenredam hat diese Zeichnung in der Kapitellzone der schlanken Säule rechts signiert und datiert.

In Haarlem hatte Pieter Saenredam bereits früher eine komplizierte Variante des konventionellen Perspektivsystems entwickelt, die es ihm erlaubte, in einem Bild mehr darzustellen, als man normalerweise von einem einzigen Standpunkt aus wahrnehmen kann (Abb. 51). Saenredams Bildraum ist nicht so konstruiert, als werde er von einem festen Standpunkt außerhalb des ›Bildfensters‹ gesehen, sondern er versetzt den Zuschauer vielmehr in das Bild, was dazu führt, daß das Betrachten seiner Interieurs stärker dem Seherlebnis in der Realität entspricht, bei dem man eher zufällig um sich schaut und mehr Möglichkeiten der Wahrnehmung hat, als sie die Ein-Punkt-Perspektive bieten könnte. Saenredams Innenraum der Kirche St. Bavo mag dem modernen Betrachter immer noch wie ein ›Fensterblick‹ in eine gemalte Welt erscheinen, aber er ist bei weitem weniger streng als etwa van Hoogstratens Korridor mit seiner festgelegten Blickrichtung. Obwohl Saenredams auffallende Signaturen den Realitätseffekt einerseits untergraben, indem sie die Aufmerksamkeit auf den Schöpfer des Bildes und dessen Zweidimensionalität lenken, steigern sie ihn andererseits, da sie davon zeugen, daß der Künstler sich tatsächlich vor Ort befunden hat. Ein Vergleich des Gemäldes aus dem Jahre 1648 (s. Abb. 31) mit der 13 Jahre früher entstandenen Vorzeichnung (Abb. 51) verrät Manipulationen der ›Realität‹, wie sie die Zeichnung wiedergibt. Das Gemälde zeigt mehr vom Innenraum der Kirche, weil der Maler hier ein paar Schritte weiter zurück in den Chorraum gegangen ist, um Platz für die Darstellung der Orgel zu gewinnen, und die Arkaden erweitert worden sind. Die eingewölbte Decke im Gemälde sorgt für ein dramatisches Zurückweichen des Raumes Richtung Westen. Das Blickfeld wird durch die Säulen links und rechts harmonischer gerahmt.

Während Molenaer und Houckgeest mehr oder weniger einen bestimmten Standpunkt außerhalb des Bildraumes einnehmen und Saenredams Perspektive auf einen Fluchtpunkt zuläuft, verwiesen viele Landschaftsmaler den Zuschauer an einen nicht genau definierbaren oder unerreichbar hohen Standort. Philips Koninck (1619–1688) beispielsweise arbeitete bei seinen weitläufigen Panoramen, die Felder und Flüsse unter einem majestätischen Himmel zeigen, häufig mit einem solch extrem erhöhten Standpunkt (Abb. 52). Das Fehlen eines genau festgelegten Standortes suggeriert, daß der Zuschauer auf eine objektive, vom Menschen nicht manipulierte Darstellung einer Stadt oder Landschaft blickt.

52 Philips Koninck. *Blick über Dünen und einen Fluß,* 1664. Öl auf Leinwand, 94 x 120 cm. Rotterdam, Museum Boymans-van Beuningen

Man hat darauf hingewiesen, daß diese Landschaften, die durch den hohen, freien Betrachterstandpunkt charakterisiert sind, den einzigartigen, in großer Zahl entstandenen Landkarten aus der Zeit der Republik ähneln. Diese Landkarten, die man auch in Genredarstellungen sieht, wo sie wie Bilder an der Wand hängen (s. Abb. 49), lassen vermuten, daß die Betrachter im 17. Jahrhundert die moderne Unterscheidung zwischen Malerei als ›Kunst‹ und Karten als ›Wissen‹ nicht trafen. Aber auch eine Karte bedeutete nie objektives Wissen, geht man davon aus, daß sie auswählte, was wissenswert war, und dies in einer für die betreffende Kultur typischen verkürzten Form wiedergab. Laurens van der Hem kombinierte in seinem voluminösen Atlas unbekümmert Karten, Drucke und ›künstlerische‹ Zeichnungen miteinander. Claes Jansz. Visschers Karte des *Leo Belgicus* (Abb. 53) beeindruckt nicht nur durch ihren Informationsgehalt, sie erfreut das Auge auch mit ihren Vignetten mit Stadtansichten und durch ihre Komposition, die die 17 Provinzen geschickt in eine Löwenform zwingt. Das heißt, daß die Karten andere Funktionen als die Panoramadarstellungen innehatten, auch wenn beide als Wanddekoration dienten. Niemand hätte etwa Konincks Gemälde zu Rate gezogen, wenn er sich über den Lauf eines Flusses oder die geographische Lage einer Stadt hätte informieren wollen. Zu diesem Zweck hätte man jedoch sehr wohl Visschers Karte befragen können. Auch heute würde eine Darstellung Amsterdams aus der Vogelperspektive zwar einen Eindruck von dem modernen Kanalsystem verschaffen können, ein Grundstücksmakler würde jedoch mit anderen Plänen arbeiten wollen.

53 Claes Jansz. Visscher und seine Werkstatt.
Leo Belgicus, 1609–1621
(Detail aus Abb. 9)

Die Silhouette der Stadt Zutphen. Solche Ansichten gehörten seit dem 16. Jahrhundert zur Standardausstattung von Landkarten.

In anderen Gemälden wiederum ist zwar der Betrachterstandpunkt sehr genau festgelegt, der Zuschauer wird jedoch durch die Plazierung der Figuren im Bildraum auf Distanz gehalten. Das hier gezeigte Interieur von Pieter de Hooch, vielleicht eine Wohnung, wohl eher aber eine Wirtsstube, vermittelt durch die Ein-Punkt-Perspektive und die ungezwungene Unterhaltung der Dargestellten den Eindruck von beiläufiger Wirklichkeitstreue (Abb. 54). Die von hinten gesehene Frau im Vordergrund macht den Betrachter zu einem unbeobachteten Zeugen der Szene. Diese anonyme Gestalt schafft eine Intimität, die den Panoramalandschaften oder den eher theatralischen Genrebildern fehlt. Gerrit Dous *Lesende Frau* (s. Abb. 29) vermittelt eine ähnliche Wirkung; der Betrachter rückt hier nahe an die als Halbfigur und im Profil wiedergegebene Frau, deren Blick auf das Buch in ihren Händen konzentriert ist.

Dou, de Hooch und die überwiegende Zahl der hier vorgestellten Maler wendeten zur Erzielung ihres Realismus eine der erfolgversprechendsten Techniken an: den sorgfältigen, minuziösen Auftrag der Ölfarbe, bei dem die einzelnen Pinselstriche kaum noch oder gar nicht mehr unterscheidbar sind. Diese virtuose Technik, kombiniert mit einer exakten Beobachtung der Reflexe und Brechungen des Lichtes wie auch der sich durch die unter-

54 Pieter de Hooch. *Interieur mit trinkender Frau, zwei Männern und einer Magd,* um 1658. Öl auf Leinwand, 73,7 x 64,6 cm. London, National Gallery

Eine sorgfältige Untersuchung dieses Bildes hat ergeben, daß de Hooch zunächst das Perspektivgerüst zeichnete und dann die Figuren einfügte. In einem frühen Stadium war links neben der Dienerin noch ein Mann dargestellt. Später übermalte de Hooch diesen; weil die oberen Farbschichten jedoch mit der Zeit transparent geworden sind, kann man seine Umrisse heute erkennen.

schiedlichen Lichtverhältnisse verändernden Farben und Texturen, sorgt für die hinlänglich bekannte fotografische Qualität der niederländischen Malerei. Tatsächlich scheinen diese Gemälde, betrachtet man sie im Original und nicht als Reproduktionen, auch die einfühlsamsten Fotografen noch zu übertreffen, was die Wiedergabe von durch Licht lebendig gemachten Strukturen angeht. Dieser Realismus erweckt den Eindruck, als habe bei der Entstehung des Kunstwerkes kein Mensch Hand angelegt: Die glättende Technik löscht alle Hinweise auf handwerkliche Arbeit aus. Die Wirkung ist paradox, da die scheinbare künstlerische Zurückhaltung des Malers die Aufmerksamkeit fast augenblicklich auf die hervorragende Qualität des Bildes lenkt. Im ersten Moment der Bewunderung ist der Eindruck des Realen jedoch in der Tat echt.

55 Frans van Mieris d.Ä.
Musikalische Unterhaltung,
1658. Öl auf Holz,
31,7 x 24,7 cm. Schwerin,
Staatliches Museum

Der zur Seite gezogene Vorhang gibt den Blick frei auf das elegante, in den musikalischen Vortrag vertiefte Paar.

Dieser Verismus findet sich in allen niederländischen Kunstzentren, und der weitgereiste Gerard Terborch wurde einer seiner genialsten Vertreter (s. Abb. 33). Er wurde jedoch auch das spezielle Ressort der Leidener Genremaler, besonders von Dou und seinem Schüler Frans van Mieris d.Ä., der ein erstaunliches Geschick in der Differenzierung von Texturen entwickelte (Abb. 55). Die Maler wurden schon zu Lebzeiten berühmt für diese Technik, welche die Zeitgenossen mit dem Begriff »net«, ordentlich, bezeichneten. Die doppelte Bedeutung dieses Wortes, das sich sowohl auf eine sorgfältige Malweise als auch auf Sauberkeit beziehen kann, trug zur baldigen Verbreitung von Gerüchten über Dous Ordnungsliebe und seine panische Abneigung gegen Staub bei, die als erster der deutsche Künstler und Schriftsteller Joachim von Sandrart (1606–1688) erwähnt, der zwischen 1637 und 1645 in den Niederlanden lebte. Obwohl man seine Beschreibungen von Dous peniblen Vorkehrungen zum Schutz seiner Bilder nicht ganz ernstnehmen sollte, denkt man doch unmittelbar an die makellose Glätte seiner schimmernden Bildoberflächen. Während man bei Dou die winzigen einzelnen Pinselstriche immer gerade noch erkennen kann, entwickelte van Mieris eine noch ausgefeiltere Technik, wahrscheinlich aus dem bewußten Bestreben, sei-

56 Frans Hals. *Der lachende Kavalier,* 1624. Öl auf Leinwand, 86 x 69 cm. London, Wallace Collection

nen Meister zu übertreffen. Ein solcher kreativer Konkurrenzkampf zwischen zeitgenössischen Künstlern, den man als Wettbewerb bezeichnete, wurde als ein durchaus wünschenswerter Anreiz zu malerischen Innovationen gesehen.

Mit ihren »nette« oder »gladde« (glatten) Techniken erzielten Dou und van Mieris die höchsten Preise, die im 17. Jahrhundert für Gemälde gezahlt wurden. Paradoxerweise teilten sie diese pekuniäre Wertschätzung mit Dous Lehrer Rembrandt, dessen Frühwerk verhältnismäßig ›glatt‹ ist, während er in den 40er Jahren eine ›lockere‹, ›rauhe‹ Malweise entwickelte. Den Zeitgenossen fiel dieser stilistische Unterschied auf. Die sichtbaren Pinselstriche in den ›groben‹ Gemälden von Rembrandt und Frans Hals (1582/83–1666), die sich in ihrer Ausführung deutlich voneinander unterscheiden, machen auf die Virtuosität ihrer Schöpfer aufmerksam, darüber hinaus verstärkt ein so heftiger Pinselstrich auch die realistische Wirkung (s. Abb. 28, 56). In Frans Hals' Porträts erwecken die schnellen, entschiedenen Pinselstriche den Eindruck von Spontaneität und betonen, daß es sich hier um einen ganz bestimmten, individuellen Augenblick im Leben des Dargestellten handelt. Überdies umgingen Rembrandt und Hals mit dieser Technik viele beschreibende Details, wodurch sie Kompositionen schufen, die mehr sind als die Summe ihrer Teile. Durch diesen Kunstgriff gewinnt der Betrachter vor ihren Porträts den Eindruck, als stehe er dem Dargestellten tatsächlich gegenüber. In einer solchen Situation konzentriert man sich gewöhnlich auf einige wenige Aspekte einer Person, nicht auf jedes Haar, jede Falte, jeden Knopf oder Ohrring, wie bei den Bildern von Terborch, Dou oder van Mieris.

Fast alle Porträtmaler suchten die Lebensnähe noch weiter zu steigern, indem sie den Blick des Modells auf den Betrachter richteten. Eine derartige direkte Kontaktaufnahme findet sich häufig in der Genremalerei, wo sie den Realismus vortäuschenden Versuch konterkariert, die Menschen so darzustellen, als bemerkten sie die Anwesenheit des Künstlers nicht (s. Abb. 3). Doch solche spontanen Blicke vermitteln auch den Eindruck von Wirklichkeitsnähe, denn sie beziehen den Betrachter in das dargestellte Geschehen mit ein und suggerieren, daß es sich wirklich zugetragen hat. Diese malerische Interaktion ähnelt dem dramaturgischen Kunstgriff des *à part*, des Beiseite-Sprechens, und es ist kein Zufall, daß es vor allem für die Komödie typisch ist. Die zeitgenössischen Theaterkritiker schätzten es nicht, wenn das Publikum in einer Tragödie direkt angesprochen wurde; sie sollte vielmehr eine in sich geschlossene, von außen betrachtete Geschichte sein, in der Komödie hingegen machte das *à-part*-Sprechen die imaginäre Grenze zwischen Bühne und Publikum durchlässig.

Die bisher vorgestellten Beispiele zeigen, daß der niederländische Realismus nicht nur ein Ergebnis der die Natur nachahmenden Techniken war, sondern auch aus den Themen resultierte: Menschen und Gegenstände, Häuser und Straßen, die man überall im Lande finden konnte. Vor allem bei den komischen Darstellungen scheint man sich bewußt um thematischen und malerischen Realismus bemüht zu haben. Wie die Komödien schilderten die komischen Darstellungen die Menschen so, wie sie waren. Die Maler entsprachen diesem Bedürfnis, indem sie realistische, alltägliche Ereignisse schilderten, Bauern und Bürger, die zechen, trinken, lachen, tanzen und sich an Frauen heranmachen. Thematisch greifen diese Gemälde die komischen Geschichten und Bühnenstücke der Zeit auf, in denen es um ähnliche Szenen und Motive geht. Adriaen Brouwers (1605/06–1638) Darstellung sich prügelnder Bauern mag mit ihrer rüden Rauferei, den groben Gesichtern, den schäbig gekleideten Bauern oder Landstreichern in der heruntergekommenen Wirtshausstube außergewöhnlich realistisch wirken (Abb. 57). Eine sorgfältige Untersuchung der einschlägigen Literatur über den Bauernstand und die Menschen der unteren sozialen Schicht sowie auch deren bildliche Darstellung zeigt jedoch, daß es einige wenige Stereotypen für dieses Genre gab. Einerseits scheinen die Bauern pausenlos zu trinken, Zoten zu reißen und zu raufen, andererseits führen sie, wie auch die Zecher mit ihrem Müßiggang, aus der Sicht der Normalbürger ein beneidenswert sorgloses Leben. Keines dieser den Konventionen entsprechenden Bilder spiegelt die Komplexität der Probleme und Verhaltensweisen wider, die tatsächlich in diesen Bevölkerungsgruppen existierten – einem bürgerlichen Publikum, das sozial höher stand als die Porträtierten, schienen sie jedoch realistisch.

57 Adriaen Brouwer.
Streitende Bauern,
um 1631–1635. Öl auf Holz,
33 x 49 cm. München,
Alte Pinakothek

Die Maler der komischen Szenen erzielten Lebensnähe nicht nur durch die Themenwahl, sie verfügten noch über andere als die bisher beschriebenen bildnerischen Mittel. Die komischen Szenen Brouwers oder Jan Steens wirken teilweise deshalb so realistisch, weil sich zahllose Dinge gleichzeitig ereignen und die Aufmerksamkeit der abgebildeten Personen abgelenkt wird. Wie im wirklichen Leben blicken die Dargestellten in unterschiedliche Richtungen, auf verschiedene Menschen und Handlungen. Typisch für diese Szenen ist auch, daß die Gegenstände im Bildraum bewußt unordentlich arrangiert sind: Tische und Stühle stehen schräg zueinander, auf dem Fußboden liegen verstreut Gegenstände wie Pfeifen und Humpen. Auch das Kompositionsgerüst spiegelt dieses Durcheinander. Verfolgt man etwa die Kompositionslinien in Steens und Brouwers Gemälden, so scheinen diese betont zickzackförmig und in spitzem oder stumpfem Winkel zu verlaufen, im Gegensatz zu den parallelen Linien und rechten Winkeln in harmonischeren Genrebildern (s. Abb. 21). Ihre Interieurs basieren auf einem lockeren Kompositionsgefüge als die klaren Perspektiven Saenredams oder van Hoogstratens, die Ausgeglichenheit und Ruhe vermitteln (s. Abb. 31, 50). Steen steigerte die optische Dissonanz seiner Bilder durch Farbzusammenstellungen, die bisweilen sogar irreal wirken. Brouwer gab verstaubte Zimmer und schmuddelige Gestalten mit einer braunstichigen Palette wieder sowie mit präzise geführten, aber dennoch groben Pinselstrichen.

58 Carel Fabritius. *Ansicht von Delft mit dem Stand eines Musikinstrumentenhändlers,* 1652. Öl auf Leinwand, auf Holz aufgezogen, 15,4 x 31,6 cm. London, National Gallery

Wie in vielen Gemälden aus dem 17. Jahrhundert sollen die Laute und die Violine, die der sitzende Mann anscheinend zum Kauf anbietet, wohl auf die Inspiration und die Arbeit des Malers anspielen. Die auffällige Künstlersignatur im Schatten der Laute bestätigt diese Vermutung.

Kunst, Wissenschaft und Illusionismus

Alle malerischen Mittel, einen Raum darzustellen und einen Betrachterstandpunkt festzulegen, Lichtreflexe auf Seide wiederzugeben oder ein Lebewesen zu zeichnen, erfordern ein gewisses Verständnis für die ›wissenschaftlichen‹ Begleitumstände: die Abmessungen des Raumes und seine Darstellbarkeit auf der zweidimensionalen Fläche, die Wirkung von Licht und Schatten auf die Wahrnehmung, die Klassifizierung der verschiedenen Gattungen. Teilweise aufgrund der Aufgeschlossenheit gegenüber Zugewanderten konnte sich in der Republik eine kosmopolitische wissenschaftliche Kultur entfalten, welche die für diese Probleme relevanten analytischen Techniken entwickelte. An der Universität Leiden beispielsweise beruhten die Vorlesungen in Anatomie, Zoologie, Botanik und Optik auf Beobachtungen und Aufzeichnungen von Ergebnissen in Bildern und Texten. Diese Methode der schriftlich festgehaltenen Erkenntnisse, die man selbst in den Schulen anwandte, muß das Interesse der Maler und ihrer Kunden an Bildern, die wie das Produkt dieser Arbeitsweise wirkten, noch erhöht haben. Obwohl den meisten Malern wissenschaftliche Kenntnisse nur aus zweiter Hand, durch ihre Meister oder aus Büchern, zugänglich waren, nahmen viele Künstler an faszinierenden wissenschaftlichen Experimenten teil, die sie in ihren Bildern schilderten.

Die ausgeklügelte Konstruktion der Perspektive bei Gerard Houckgeest und Samuel van Hoogstraten ist ein prägnantes Zeugnis für die optischen Forschungen der Künstler seit etwa der Mitte des Jahrhunderts, vor allem in Delft und Dordrecht. Möglicherweise hat Vermeer seine Motive von Zeit zu Zeit durch eine *Camera obscura* betrachtet, einen innen geschwärzten Kasten mit einer Öffnung in einer Seite, durch die das Bild des Szenarios auf einen geschliffenen Glasschirm oder ein Blatt Papier geworfen wird und dort nachgezeichnet werden kann. Obwohl Vermeers sorgfältige Arbeitsweise es unwahrscheinlich macht, daß seine Gemälde nach Camera-obscura-Bildern entstanden sind, mögen die Eindrücke, die ihm ein Blick durch ein solches Instrument verschaffte, ihn zu einigen seiner verblüffenden Bilderfindungen angeregt haben. In der *Ansicht von Delft* beispielsweise (s. Abb. 2) sind die kleinen Farbtupfer, die im Verhältnis zu den Spiegelungen, die sie umreißen, außergewöhnlich deutlich ausfallen, typisch für die optischen Effekte einer Camera obscura. Ein weiteres Kennzeichen der Camera obscura ist die Reduktion komplexer Strukturen auf einfache Umrißlinien. Das Wissen um diesen Effekt mag Vermeer dazu ermutigt haben, die Gliedmaßen der *Frau mit der Wasserkanne* zu vereinfachen (s. Abb. 21). Merkwürdigerweise reduzieren diese wissenschaftlich gewonnenen Bildeffekte in gewisser Weise die realistische Wirkung, da sie Phänomene schildern, die man normalerweise nicht sieht, jedoch

betonen sie andererseits auch den Verismus durch ihr reines Vorhandensein, das auf den wissenschaftlichen Charakter der Beobachtungen Vermeers verweist.

Carel Fabritius (1622–1654), der Rembrandts Atelier um 1650 verließ, um nach Delft zu gehen, teilte Vermeers Interesse an optischen Instrumenten. Zu seinem kleinen erhaltenen Œuvre zählt eine Ansicht von Delft, die den Eindruck vermittelt, sie sei mit Hilfe eines Linsensystems komponiert worden (Abb. 58). Das außergewöhnliche Format und die starken Verzerrungen im Bild lassen vermuten, daß man es durch eine Linse, vielleicht in einem Guckkasten mit einem oder mehreren Löchern, betrachten sollte. Möglicherweise war die Leinwand halbkreisförmig montiert, um eine überzeugende Darstellung des Kanals und der Brücke in Delft zu vermitteln. In der nordeuropäischen Malerei hatten derlei optische Spielereien, die täuschend ähnliche Nachahmungen der ›Realität‹ liefern sollten, eine lange Tradition. Für besonders ›realistische‹ Darstellungen nutzten die niederländischen Maler des 17. Jahrhunderts solche optischen Täuschungen sehr häufig, die man heute als Illusionismus oder *Trompe-l'œil*, wörtlich ›Augentäuschung‹, bezeichnet. Da in den meisten illusionistischen Bildern darüber hinaus mit Perspekiveffekten gearbeitet wurde, bezeichnete man sie im Niederländischen auch als »perspektieven«.

Wie Fabritius spezialisierte sich auch Samuel van Hoogstraten auf Perspektivdarstellungen, nachdem er Rembrandts Werkstatt Ende der 40er Jahre des 17. Jahrhunderts verlassen hatte. Kurze Zeit später lebte er in Rom und Wien, damals beides Zentren der Bildproduktion und der Wissenschaft. Zwischen 1662 und 1667 arbeitete er in London. Dort hatte er Kontakt zu Mitgliedern der Royal Society for the Advancement of Natural Knowledge, die sich auch mit optischen Experimenten beschäftigten. Für einige von ihnen schuf van Hoogstraten Perspektivdarstellungen, etwa den *Blick in einen Korridor* (s. Abb. 50). Thomas Povey (um 1633–1685), ein einflußreicher Politiker und der Besitzer dieses Bildes, ließ es in seinem prächtigen Haus in London in einem sehr kleinen Raum hinter einer Tür aufhängen. Jedes Mal, wenn Povey Besuchern diese Tür öffnete, gaukelte das Gemälde eine luftige Flucht mehrerer Räume vor, die gar nicht existierten. Der Kontrast zwischen dem weitläufigen Bildraum und dem engen Raum, in dem das Bild tatsächlich hing, muß verblüffend gewesen sein. Die Grenze zwischen dem realen und dem dargestellten Raum scheint durch Elemente wie den Vogelkäfig und den Schrubber aufgehoben, die in den Raum des Betrachters hineingreifen. Van Hoogstraten steigerte die Theatralik der Inszenierung noch, indem er die Katze und den Hund so wiedergab, als seien sie vom plötzlichen Erscheinen eines Eindringlings aufgeschreckt. Eine ähnlich illusionistische Seherfahrung komponierte van Hoogstraten auch für seinen »perspectyfkas«, einen Guckkasten mit zwei Löchern, durch die man in die verschiedenen Räume eines Hauses blickt (Abb. 59). Licht fällt in diesen Kasten durch eine Seitenwand aus Milchglas, die einen Blick auf das Durcheinander verzerrt

59 Samuel van Hoogstraten. *Perspektivkasten mit einem niederländischen Interieur.* Holz, 58 x 88 x 63,5 cm. London, National Gallery

60 Jacob de Gheyn II. *Drei Schmetterlinge und ein Hirschkäfer,* 1604. Aquarell auf Pergament 22,8 x 17,6 cm. Paris, Fondation Custodia, Institut Néerlandais

Dieses Blatt ist eine von 22 Seiten in einem Album, das zwischen 1600 und 1604 geschaffen wurde Sein erster Besitzer, Rudolf II. (1552–1612), der Kaiser des Heiligen Römischen Reiches, förderte niederländische und deutsche Künstler, die sich auf Aquarelldarstellungen von kleinen Tieren und Pflanzen spezialisiert hatten. Albrecht Dürer (1471–1528), dessen Werke der Kaiser sammelte, hatte dieses Genre seit dem Ende des 15. Jahrhunderts entwickelt.

61 Maria Sibylla Merian. *Cassava-Pflanze mit Raupen und Schmetterlingen,* 1705. Handkolorierter Kupferstich aus der *Metamorphosis Insectorum Surinamensium*, 45 x 33.5 cm. Privatbesitz

Obwohl in dem Buch vor allem die Verwandlung der Raupen dargestellt wird, hat Merian auch die einheimischen Pflanzen, auf denen diese Tiere leben, sorgfältig porträtiert. Deshalb sind die Löcher in den Blättern nicht nur als Anspielung auf die Vergänglichkeit des Lebens zu verstehen, sondern auch als Hinweis auf die Ernährungsweise dieser Insekten.

gezeichneter Szenen im Inneren des Kastens freigibt. Die Bilder passen nur zueinander, wenn man sie durch die Gucklöcher betrachtet.

Während einige Künstler und Wissenschaftler die Camera obscura sowie illusionistische Techniken einsetzten, um die Welt insgesamt zu betrachten und darzustellen, blickten andere durch Vergrößerungsgläser und Mikroskope, um sich den Miniaturwelten zu widmen. Anthonis van Leeuwenhoek (1632–1723) bahnte, wenn er auch nicht – wie oft behauptet wird – der Erfinder des Mikroskops war, den Weg für dessen systematische Nutzung, indem er alle nur möglichen Gegenstände und Substanzen unter seine Linse legte. Van Leeuwenhoek – der bezeichnenderweise der Nachlaßverwalter Vermeers war – engagierte Zeichner, die seine Beobachtungen, beispielsweise auch über Bakterien, festhalten mußten, und veröffentlichte seine Erkenntnisse in illustrierten Büchern. Noch wichtiger für die Malerei war das Vergrößerungsglas, ein Werkzeug, das die besonders akribischen Maler seit dem 15. Jahrhundert mit Vorliebe verwendeten.

62 Otto Marseus van Schrieck. *Stilleben mit Pflanzen und Reptilien,* 1667. Öl auf Leinwand, 58 x 45,5 cm. Göttingen, Kunstsammlung der Universität

De Gheyns zarte Studie von Schmetterlingen und einem Hirschkäfer (Abb. 60) aus dem Jahre 1604 stammt aus einem Sammelalbum, das zum privaten Vergnügen geschaffen wurde. Die niederländischen Künstler beschäftigten sich jedoch meistens mit Projekten, die zur Veröffentlichung bestimmt waren. Zahlreiche Institutionen, von den botanischen Gärten in Amsterdam und Leiden bis zur Ost- und Westindischen Kompanie, veröffentlichten Bücher, die häufig von begabten Künstlern illustriert wurden. Maria Sibylla Merian (1647–1717), die 1685 aus Frankfurt in die Niederlande kam, präsentierte ihre scharfsinnigen Beobachtungen über Pflanzen und Insekten in großzügig bebilderten Publikationen, deren schönste wohl ihre *Metamorphosis Insectorum Surinamensium* ist, die 1705 in Amsterdam erschien (Abb. 61). Die beeindruckenden Tafeln entstanden nach sorgfältigen Forschungen in Surinam, bei denen das Vergrößerungsglas ein unentbehrliches Hilfsmittel war. Maria Sibylla Merian veröffentlichte ihre Zeichnungen mit ausführlichen Beschreibungen; Unterstützung erhielt sie dabei vom Direktor des Botanischen Gartens in Amsterdam. Diese Einrichtung war 1682 als Konkurrenzunternehmen zu der berühmten, zu jener Zeit bereits 100 Jahre alten Vorgängerinstitution an der Universität Leiden gegründet worden. Der Stillebenmaler Otto Marseus van Schrieck (1619–1678) wid-

C FABRITIVS 1654

Vorhergehende Seite:
63 Carel Fabritius. *Distelfink,* 1654. Öl auf Holz, 33,5 x 22,8 cm. Den Haag, Mauritshuis

Man hat vermutet, daß dieses Gemälde als Hausschild für eine Den Haager Familie mit dem Namen De Putter, d.h. ›Distelfink‹, diente. In eine verputzte Wand eingelassen, wäre der Effekt des Bildes verblüffend illusionistisch gewesen.

mete sich der Darstellung von Reptilien, Insekten und Pflanzen, einer Untergruppe des Stillebens. Nach den Angaben seiner Witwe, so berichtet Arnold Houbraken 1718, hielt er Schlangen, Eidechsen und Insekten in seinem Garten, die ihm als Modelle für seine Bilder dienten. In einem Gemälde, das Pflanzen und Tiere wiedergibt, die typisch sind für den Monat August (Abb. 62), drückte er Schmetterlingsflügel in die letzte Farbschicht, um eine lebensechte Oberflächenstruktur zu erzielen, und integrierte mindestens ein Fliegenbein in das Bild. Möglicherweise hat van Schrieck diese Interessen in den regen Wissenschaftlerkreisen Roms entwickelt, wo er 1652 Samuel van Hoogstraten traf.

Carel Fabritius hinterließ erstaunliche Zeugnisse seiner Vogelbeobachtungen. Obwohl man den Distelfink (Abb. 63) kaum als ornithologische Studie bezeichnen kann, wirkt der Vogel auf den Betrachter außergewöhnlich realistisch. Doch erinnert die Abbildung des Vogels vor einer kalkweißen Wand auch an die Insektenstudien de Gheyns, bei denen die Tiere Schatten auf das cremefarbene Pergament werfen. Vielleicht war das kleine Tafelbild in ein blindes Fenster, eine Schranktür oder eine Wand eingelassen, um einen *Trompe-l'œil*-Effekt zu erzeugen.

Hilfsmittel der realistischen Darstellung

Die zahlreichen unterschiedlichen, ja sogar widersprüchlichen Methoden, mit denen die Maler Realität suggerierten, machen deutlich, daß ›Realismus‹ stets ein relativer Begriff ist, dessen Definition von der Gesellschaft und dem Genre abhängt, die ihn schaffen. Der Einsatz so vieler unterschiedlicher Techniken zur Erreichung dieser extrem naturalistischen Darstellung zeigt jedoch, daß die Niederländer mehr als alle anderen westeuropäischen Maler um Lebensnähe bemüht waren. Viele bildnerische Mittel, die ›die Realität‹ darstellten, hingen zweifelsohne vom handwerklichen Können der Maler ab. Die von den Zünften institutionalisierten Ausbildungsbedingungen und Qualitätskontrollen erklären die große Zahl technisch vollkommener Gemälde, die in den Niederlanden entstanden; Vorschriften über den Realismus der Darstellung erließen die Zünfte jedoch nicht. Zwei Aspekte des Realismus haben ihre Wurzel in einer mindestens 200 Jahre alten niederländischen Tradition: die auffällige Nachahmung von Texturen und eine Vorliebe für ›triviale‹ und übertrieben komische Szenen. Bereits um 1430 schätzte Jan van Eyck, ebenso wie die Käufer seiner Bilder, die sorgfältige Differenzierung unterschiedlicher Materialien, die durch einen akribischen Farbauftrag, der keine Spur der malenden Hand hinterließ, erzielt wurde. Dieser augentäuschende Kunstgriff wäre ohne die Erfindung der Ölfarbe im 15. Jahrhundert nicht möglich gewesen. Van Eyck wußte die Öltechnik so zu handhaben, daß ihm die italienische und niederländische Kunstliteratur die Erfindung der Ölmalerei zuschrieb. In der Republik haben Maler und Sammler den Verismus

64 Rembrandt Harmensz. van Rijn. *Sitzender weiblicher Akt,* um 1631. Radierung, 17,7 x 16 cm. London, British Museum

1681 verurteilte der Theaterkritiker Andries Pels (1631–1681) Rembrandts Aktdarstellungen, da dem Maler »keine griechische Venus« Modell stehe, sondern »eher Wäscherinnen oder Torfstecherinnen« und Rembrandt seine »Unfähigkeit als Nachahmung der Natur bezeichnet, alles andere jedoch als eitles Ornament. Schlaffe Brüste, verkrüppelte Hände, selbst die Abdrücke der Spitzen des Korsetts auf dem Bauch oder der Strumpfbänder an den Beinen müssen wiedergegeben werden, damit der Natur Folge geleistet wird.«

in der Nachfolge van Eycks vielleicht für eine typisch niederländische Errungenschaft gehalten und ihn teilweise aus diesem Grund besonders geschätzt.

Ein ähnliches Interesse an den traditionellen niederländischen Bildsujets hat vielleicht auch die umfangreiche Produktion ›realistischer‹ Darstellungen angeregt: Landschaften, Stadtansichten, Tierbilder, Gruppenporträts oder ruppig-komische Szenen, die in der niederländischen Renaissancemalerei wurzeln. Die qualitätvollsten Gemälde waren ursprünglich in dem Gebiet entstanden, das nach der Abspaltung der nördlichen Provinzen als die südlichen Niederlande unter spanischer Herrschaft verblieb. Im 17. Jahrhundert widmeten sich die Maler in der Republik realistischen Sujets und Techniken jedoch weitaus beharrlicher als ihre Kollegen im Süden und hatten so teil an der Entstehung einer Kultur ganz eigener Prägung.

Eine sorgfältige kunsttheoretische Beschreibung hätte ein ausgeprägtes Streben nach naturgetreuer Wiedergabe deutlich gemacht. Nach der Theorie der italienischen Renaissance war das Hauptanliegen der Malerei die Naturnachahmung, das heißt die Abbildung der Wirklichkeit in all ihren Facetten. Die meisten Theoretiker schränkten diese Forderung jedoch dahingehend ein, daß die

65 Ambrosius Bosschaert. *Vase mit Blumen,* um 1618–1621. Öl auf Holz, 64 x 46 cm. Den Haag, Mauritshuis

Bis etwa 1614 arbeitete Bosschaert in Middelburg, der Heimatstadt zahlreicher Botaniker, die in engem Kontakt mit Carolus Clusius (1526–1609) standen, dem Direktor des Botanischen Gartens der Stadt Leiden. In einem seiner Bücher beschrieb Adriaen van de Venne seinen eigenen Garten in Middelburg. In diesem Gemälde hat Bosschaert keinen realen Blumenstrauß wiedergegeben, sondern Studien vieler verschiedener Blumen miteinander kombiniert.

Kunst ein ausgewähltes Bild der Natur von ihrer vorteilhaftesten Seite widerspiegeln sollte. So betrachtet ist ›Natur‹ ein Idealzustand, im Gegensatz zum ›Leben‹ mit seinen Zufälligkeiten und Mißbildungen. Statt beispielsweise eine einzelne Frau zu porträtieren, sollte der Maler nach sorgfältigen Studien am lebenden Modell die idealen Züge verschiedener Frauen kombinieren, um mit Hilfe geistiger und handwerklicher Anstrengungen das perfekte Abbild einer Frau zu schaffen. Diese Methode implizierte, daß der Maler von den Werken anderer Künstler ebenso lernen konnte wie von Naturstudien. Van Mander machte sich in den Niederlanden für diese Sehweise stark, und Künstler wie Cornelis Cornelisz. scheinen ihr in vielerlei Hinsicht gefolgt zu sein (s. Abb. 43).

Der offenkundige Realismus so vieler niederländischer Darstellungen scheint sich auf die alte Forderung, die Natur zu kopieren, zu beziehen, wobei man jedoch das Gebot der Idealisierung außer acht ließ. Indem er jede Falte und jeden Altersfleck auf der Haut einer absolut nicht idealen Frau wiedergab, hat Rembrandt diesen Ansatz vielleicht neu interpretiert (Abb. 64). Auch wenn die niederländischen Gemälde unidealisierend wirken, so sind sie doch durch die Konventionen der jeweiligen Bildgattung ebenso festgelegt wie die weniger ›realistischen‹ Darstellungen. Obwohl die zahllosen Sujets der niederländischen Malerei scheinbar jede Facette des lokalen Ambientes und des gesellschaftlichen Lebens abdecken, folgt die Art, wie bestimmte Landschaften oder Handlungen wiedergegeben werden, doch festgelegten Mustern. In den meisten Landschaftsdarstellungen, die seit den 30er Jahren des 17. Jahrhunderts entstanden sind, nimmt der Himmel beispielsweise zwei Drittel der Bildfläche ein. Meist handelt es sich um Querformate. Diese Regeln sind uns heute so vertraut, daß sie uns nicht ungewöhnlich erscheinen, aber es gibt keinen objektiven Grund, warum sie angewendet wurden, wie Ausnahmen von der Regel zeigen. Darüber hinaus konnten einige Bildkonventionen der aktuellen Situation des 17. Jahrhunderts widersprechen, um eine besondere Wirkung zu erzielen.

Das Gemälde *Vase mit Blumen* von Ambrosius Bosschaert (1573–1621) ist ein treffendes Beispiel für das Schwanken zwischen realistischen und bewußt künstlichen Zügen in der niederländischen Malerei (Abb. 65). Obwohl Bosschaert mit akribischer Genauigkeit zahlreiche Tulpenarten und einheimische Blumen wiedergibt, hätte es diesen Strauß in der Realität nicht geben können, da die Blumen in Bosschaerts Arrangement zu verschiedenen Jahreszeiten blühten. Das steinerne Bogenfenster, das den Strauß so vollendet rahmt, ist für die niederländische Hausarchitektur zumindest ungewöhnlich, und die Gebirgslandschaft im Hintergrund schildert ebenfalls nicht die lokalen Gegebenheiten.

Solche Abweichungen von der Realität verweisen darauf, welche Funktion dieses oder andere Stilleben für die zeitgenössischen Betrachter gehabt haben können. Bosschaerts Bogenarchitektur und die symmetrische Komposition erinnern an die lange Tradition der Andachtsbilder, in denen die Madonna mit dem Kind oder ein

einzelner Heiliger den Betrachter zur Meditation auffordert. Solche Darstellungen gab es in den protestantischen Gemeinschaften nicht mehr, doch könnte diese spezielle Betrachtungsweise durchaus überlebt haben. In der Tat finden sich in Briefen und Gedichten zu Blumenstilleben aus dem 17. Jahrhundert Anspielungen darauf, daß sie als Gegenstand der Kontemplation gemeint waren. Eine solch tiefsinnige Betrachtung konnte ganz unterschiedliche Reaktionen hervorrufen. Typisch war eine Kombination aus Bewunderung für die göttliche Schöpfung, die eine so große Vielfalt an Blumen erschuf, und andererseits für das Geschick des Künstlers, diese so überzeugend nachzuahmen. So gesehen, ist das Schaffen des Künstlers fast mit der gestaltenden göttlichen Schöpferkraft gleichzusetzen, vor allem, wenn er wie Bosschaert Blumenarrangements präsentiert, die es so in der Natur gar nicht gibt. Dieser Gedanke wurde jedoch auch durch das Bewußtsein relativiert, daß alles, was der Betrachter im Leben oder in der Kunst wahrnimmt, nur »schijn« ist, Schein, und eben nicht das Wesen oder das Sein der Natur. Paradoxerweise erfüllte das Mißtrauen gegen den »schijn«, den die niederländischen Maler so perfekt zu vermitteln verstanden, die meisten zeitgenössischen theologischen Abhandlungen und Emblembücher. Die Maler und Betrachter der Stilleben relativierten diese negativen Konnotationen, indem sie die Gemälde als Mikrokosmos betrachteten, als Bilder, die die Elemente des von Gott geschaffenen Makrokosmos präsentieren und enthalten. Bosschaert evozierte den Makrokosmos, indem er seinen Strauß vor einer endlos weiten Landschaft plazierte.

Wie die meisten Blumenmaler wußte auch Bosschaert um die Vergänglichkeit des irdischen Seins und die Sinnlosigkeit der Nachahmung von Gottes Schöpfung. Im Bild wird dies angedeutet durch die welkenden Blumen, die vertrockneten Blätter sowie durch die Darstellung von kurzlebigen Insekten und Tautropfen. Diese Anspielungen betonen jedoch auch die Möglichkeit der Kunst, selbst die niedrigsten sterblichen Kreaturen auf ewig zu bewahren. In der Tat kaufte man Blumenstilleben, vor allem außerhalb der Blütezeit und im Winter, auch als Ersatz für echte Blumen. In Bosschaerts Vase sieht man etwa 30 Blumen; besonders seltene Tulpensorten stehen im Vordergrund. In gewissem Sinne boten seine teuren Gemälde den Käufern einen krisensicheren Ersatz für die echten Zwiebeln, die zum Objekt eines spekulativen und letztendlich disaströsen Termingeschäfts werden sollten.

Die bewundernde Reaktion auf ein lebensnahes Gemälde mag uns selbstverständlich erscheinen, sie hatte jedoch wichtige Konsequenzen für die Maler. Es ist kein Zufall, daß das Wissen um die speziellen Voraussetzungen und Vorteile der illusionistischen Malerei besonders deutlich in den Schriften Samuel van Hoogstratens und in Leiden, der Heimatstadt Gerrit Dous, formuliert wurde. Van Hoogstraten definierte ein »vollendetes Gemälde« als einen »Spiegel der Natur, der Dinge, die es nicht gibt, scheinbar existieren läßt, und der das Auge in erlaubter, amüsanter und löblicher Weise täuscht«. 1641 hatte der Maler Philips Angel (um

1618– 1645?) in einer Rede vor seinen Leidener Kollegen, die im darauffolgenden Jahr veröffentlicht wurde, dasselbe erklärt. In seinem *Lob der Malerei* hob Angel das Prestige und die finanziellen Vorteile hervor, die die Vertreter der naturalistischen Darstellung, Dou und seine Anhänger, genossen. Diese Hervorhebung unterscheidet Angels informelle Darstellung von van Manders gelehrten Abhandlungen mit ihrer Betonung der Historienmalerei und der Idealisierung. Wie andere Autoren, die über die Leidener Maler schrieben, erzählt Angel die berühmte Anekdote über den künstlerischen Wettstreit zwischen den griechischen Malern Zeuxis und Parrhasios. Zeuxis malte Weintrauben demnach so täuschend echt, daß die Vögel versuchten, an ihnen zu picken. Entschlossen, seinen Konkurrenten zu übertreffen, lud Parrhasios Zeuxis ein, eines seiner Bilder zu betrachten, das mit einem Tuch bedeckt war. Zeuxis versuchte, den Vorhang beiseite zu schieben, und mußte erkennen, daß er das Opfer einer perfekten Täuschung geworden war. Die Zeitgenossen nannten Dou den »holländischen Parrhasios«, eine Anspielung auf seine unübertroffene Fähigkeit, die Wirklichkeit nachzuahmen, und die Tatsache, daß er diese Kunstfertigkeit niederländischen Themen zugute kommen ließ. Angel erklärte, daß Dous Spezialität, die Materialität unterschiedlicher Metalle und Stoffe darzustellen, für eine solche Lebensnähe unabdingbar war. Als ebenso wichtig sah Angel eine exakte Pinselführung an, die keine Spuren der Malerhand zurückließ: Durch die miteinander verschmelzenden Pinselstriche und die glatten Oberflächen lassen die Gemälde Dous in der Tat an Spiegel denken.

Angels Bemerkung, daß diese Bilder von wohlhabenden Kunden sehr geschätzt wurden, spielt auf die Laufbahn von Dou und van Mieris an, die von ihren Auftraggebern ein Gehalt bezogen und für ihre Werke hohe Preise erzielten. Auch van Hoogstraten wies darauf hin, daß die Herrscher illusionistische Darstellungen bevorzugten. Er entwickelte seine optischen Finessen am kaiserlichen Hof in Wien, wo ihm Kaiser Ferdinand III. (1608–1657) für eines seiner Stilleben eine Medaille verlieh.

Alternativen zum Realismus

Trotz der Faszination, die der Realismus der niederländischen Malerei auf die Zeitgenossen und auf den modernen Betrachter ausübt, sollte man ihn nicht auf Kosten nichtrealistischer Darstellungsweisen überbewerten. Wie bereits angedeutet, schätzten van Mander und andere Kunstfreunde auch die Modifizierung des Gesehenen durch die Phantasie. Zahllose Gemälde, die vor allem in Haarlem, Utrecht und Amsterdam entstanden, wirken denn auch, als seien sie eher »uyt den gheest« als »naer het leven« gemalt, selbst wenn die meisten der realistischen Darstellung verpflichtet blieben. Überdies waren sowohl für die Künstler als auch für die Sammler die italienische Renaissance sowie die großartigen Werke, die im 16. Jahrhundert an den Höfen in Prag, Wien und in Frank-

reich geschaffen wurden, der entscheidende Vergleichsmaßstab. Viele Maler reisten nach Italien, um dort die Kulturstätten und Landschaften zu erleben und um von ihren italienischen Kollegen zu lernen. Auf Rembrandts Lehrer Pieter Lastman wirkten seine in Italien verbrachten Jahre so nachhaltig, daß er seine Gemälde noch lange nach seiner Rückkehr nach Amsterdam mit »Pietro Lastman« signierte. Andere Historienmaler, die Lastmans Begeisterung für phantastische archäologische Kulissen als Bühnenbild für bedeutende historische Ereignisse teilten, reisten in den ersten Jahrzehnten des Jahrhunderts nach Italien. Durch ihr Beharren auf erzählerischer und emotionaler Klarheit kritisierten diese Maler indirekt die damals herrschende Vorliebe für eine stark idealisierende, manieristische Richtung in der Historienmalerei, die die Darstellung in sich gedrehter menschlicher Körper, eine polierte Oberfläche und eine auffällige, bewußt irreale Farbgebung favorisierte. Viele Künstler machten sich diesen komplizierten Kunststil zu eigen, um das Treiben der antiken Götter wiederzugeben, wie es Ovid und andere Dichter beschreiben. Die im manieristischen Stil (wie man ihn aus historischen Gründen und allgemein abwertend nennt) ausgeführten Werke waren in den höchsten Gesellschaftskreisen in Italien, Frankreich und Mitteleuropa seit der Mitte des 16. Jahrhunderts überaus geschätzt. Kaiser Rudolf II. (1552–1612) förderte ihn um 1600 an seinem Hof in Prag besonders intensiv. Durch den Einfluß der in Prag wirkenden niederländischen Künstler gelangte der zu Recht als »gezierter Stil« apostrophierte Manierismus in den letzten Jahrzehnten des 16. Jahrhunderts in die Niederlande, wo er vor allem in Haarlem und Utrecht gepflegt wurde. In Haarlem malte Cornelis Cornelisz. großformatige mythologische Szenen, die in Kupferstichen reproduziert wurden. Diese Arbeiten schuf er für ortsansässige Auftraggeber, darunter auch Mitglieder der Stadtverwaltung (s. Abb. 43).

Joachim Wtewael (1566–1638) aus Utrecht, der mehrere Jahre in Italien und Frankreich verbracht hatte, blieb während seiner gesamten Laufbahn dem manieristischen Stil treu, wobei er nicht nur mit ungewöhnlich großen Formaten arbeitete, sondern ebenso auch mit kleinen Kupferplatten (Abb. 66). Die glatte Oberfläche des Kupfers erlaubte ihm, seine komplizierten, dichten Kompositionen bis zur Perfektion zu steigern und sie so zu jenen begehrten Sammlerstücken zu machen, die traditionell mit den internationalen Höfen in Verbindung gebracht wurden. In den Niederlanden begeisterte sich das neuentstandene, wohlhabende bürgerliche Publikum ebenso sehr für diese Arbeiten wie van Mander für zwei Kupferstiche Wtewaels, die Mars und Venus zeigen, wie sie von den Göttern bei ihrem Liebesabenteuer ertappt werden. Die Götter brechen in homerisches Gelächter aus, als sie Mars und Venus nackt in einem Netz gefangen sehen, das Venus' gehörnter Ehemann Vulkan (rechts im Vordergrund) geknüpft hatte. Im Hintergrund sieht man seine Schmiede. Über der Szene schweben Cupido und Apoll, die den Bettvorhang anheben, um den Zuschauern den Blick auf das ehebrecherische Paar zu ermöglichen.

66 Joachim Wtewael. *Mars und Venus werden ertappt,* um 1603/04. Öl auf Kupfer, 20,2 x 15,5, cm. Malibu, The J. Paul Getty Museum of Art

67 Hendrick Terbrugghen. *Der hl. Sebastian wird von seiner Schwester Irene gepflegt,* 1625. Öl auf Leinwand, 150 x 120 cm. Oberlin, Ohio, Oberlin College, Allen Memorial Art Museum

Der hl. Sebastian wurde häufig zum Schutzpatron von Bürgerwehren gewählt, deshalb könnte Terbrugghen dieses Bild für eine solche Vereinigung geschaffen haben. Das ursprüngliche Format – etwa 12 cm höher und 7 cm breiter – und die kontemplative Stimmung der Komposition lassen vermuten, daß es sich um ein Altarbild handelte, katholische Bürgerwehren gaben jedoch häufig solche Andachtsbilder in Auftrag.

Dem Manierismus ging es jedoch nicht allein um stilistische Raffinesse. Die Geschichte von Mars und Venus, wie frivol sie auch geschildert wird, stellte ein treffendes Beispiel für die peinlichen Folgen des Ehebruchs dar. Und der katholische Maler Abraham Bloemaert, der wie Wtewael in Utrecht wirkte, verwendete einige typische Stilmittel des Manierismus, etwa die irreale Farbgebung, die Figuren und die räumlichen Beziehungen, um wundersame religiöse Geschehnisse darzustellen (s. Abb. 23).

Durch seine überwiegend katholische Bevölkerung stand Utrecht in engem Kontakt zu Rom. Nach seiner Ausbildung bei Bloemaert verbrachte Hendrick Terbrugghen (1588–1629), der bei Bloemaert in Utrecht studiert hatte, zehn Jahre in Rom, und bei seiner Rückkehr 1614 hatte er sich einen Stil angeeignet, der stilisierte menschliche Figuren in Nahansicht in dramatisch beleuchteten Räumen darstellte. Im Vergleich zu den anmutigen Gestalten Bloemaerts und Wtewaels wirken seine Figuren extrem realistisch, fast grob. Terbrugghen hatte diesen provozierenden und doch idealisierenden Stil nach dem Vorbild Caravaggios und seiner Nachfolger in Italien und Utrecht entwickelt. Wie Lastmans Historienmalerei scheint sich der Stil der Caravaggisten bewußt vom Manierismus zu distanzieren. Während Lastmans Stil jedoch gut geeignet war, um biblische Themen darzustellen, paßte der Stil der Caravaggisten eher zu Andachtsbildern mit nur wenigen Figuren, die den Betrachter zum Nachdenken und zum Mitfühlen anregen sollten (Abb. 67). In fast unangenehmer Nahsicht zieht die dramatisch beleuchtete, von Pfeilen durchbohrte Gestalt von Terbrugghens heiligem Sebastian die Aufmerksamkeit auf die Glaubenstreue des Märtyrers und die selbstlose Barmherzigkeit der heiligen Irene und ihrer Dienerin. Der Stil der Caravaggisten fand großen Anklang, vor allem in der Genremalerei und den religiösen Szenen, die in Utrecht entstanden, wo viele Maler Kompositionen in diesem Stil schufen und häufig auch vorhandene Bildentwürfe kopierten.

Andere Maler führten italianisierende Tendenzen in die Landschaftsmalerei ein, die im rauheren Norden eine beträchtliche Anziehungskraft ausübten. Bartholomeus Breenbergh (1598–1657) etwa, der 1633 nach Amsterdam zurückkehrte, bettete seine biblischen Sujets, darunter die Darstellung des hl. Joseph, der das Korn verkauft (Abb. 68), in detailreiche italienische Szenarien. Breenbergh charakterisiert die dargestellte Stadt einerseits als ägyptisch – darauf verweist der Obelisk –, andererseits ist das Gebäude oben rechts, von dem aus Joseph den Kornverkauf verfolgt, die getreue Kopie einer römischen Kirche. Wie in vielen Gemälden des 17. Jahrhunderts genügte eine angedeutete klassizistische Stadtar-

68 Bartholomeus Breenbergh. *Joseph verkauft Korn an die Ägypter,* 1655. Öl auf Leinwand, 110 x 90 cm. Birmingham, Barber Institute of Fine Arts

Joseph, die stattliche Gestalt oben rechts, hat den Vorsitz beim Verkauf des Getreides, von dem die Ägypter auf sein Drängen hin große Vorräte angelegt hatten, um für die sieben schlechten Jahre vorzusorgen. In der Republik der Niederlande diente diese Geschichte als belehrendes Beispiel für die Klugheit, sich geistiger wie in materieller Hinsicht auf die Wechselfälle des Lebens vorzubereiten. Bei diesem Gemälde handelt es sich um die recht genaue Kopie eines Bildes, das Breenbergh im Jahr zuvor gemalt hatte. Möglicherweise hat ein Käufer es bestellt, weil ihm das ältere Werk so gut gefiel.

chitektur, in rosiges Licht getaucht, um eine mediterrane, biblische Vergangenheit heraufzubeschwören.

Die niederländischen Maler entwickelten jedoch noch andere Formen der Historien- und Porträtmalerei, die nicht direkt unter dem Eindruck der italienischen Kunst standen. Beeinflußt von der Erzählweise Lastmans wie auch von der Lichtführung der Caravaggisten, wirken die großen Historienbilder Rembrandts und seiner Nachfolger in der Wiedergabe von Emotionen und Handlungen in ihrer Plastizität bisweilen sogar brutal, das Szenario, die Kostüme und das Licht dagegen scheinen einer undefinierbaren, fernen Gegend und Zeit zu entstammen (s. Abb. 44). Auch in dem prächtigen Mausoleum für Friedrich Heinrich zählten beeindrukkende Pracht und allegorische Vieldeutigkeit mehr als das Bemühen um realistische Darstellung. Die Künstler nutzten ein breites Spektrum an Darstellungsmöglichkeiten – von der scheinbar realen bis zur lyrisch-verklärten Schäferromantik, von religiös-gefühlsgeladenen bis zu heroisch-historisierenden Szenen –, um Geschichten über die Niederlande, ihre Vergangenheit und ihre Landschaft, ihre Bewohner und deren Glauben zu erzählen.

4. Kapitel

Die niederländische Weltanschauung und die Geburt einer nationalen Identität

69 Govert Flinck. *Marcus Curius Dentatus verschmäht die Geschenke der Samniter,* 1656. Öl auf Leinwand, 485 x 377 cm. Amsterdam, Koninklijk Paleis

Joost van Vondels Vierzeiler, der unter dem Bild zu lesen ist, lautet: »Rom mag sicher unter dem Schutz des Heerführers schlafen, denn Marcus Curius hat das gebotene Gold verschmäht und sich mit einem Rübengericht zufriedengegeben. Auf diesen Fundamenten ist die Stadt gebaut, Mäßigung und Loyalität.« Die beiden Tugenden Bescheidenheit und Treue sollten auf die gleiche Weise auch die Arbeit der Bürgermeister leiten.

Viele niederländische Gemälde wirken äußerst realistisch, andere scheinen wiederum als unumstößlich erkannte historische Wahrheiten zu vermitteln, ein Zug, der es uns erschwert, die so vermittelten weltanschaulichen ›Botschaften‹ wahrzunehmen. Eine realistische Malweise läßt die Szenen natürlich, unveränderbar und deshalb ›wahr‹ erscheinen; auf diese Weise halfen die Gemälde bei der Aufrechterhaltung eines im wesentlichen von der Mittelschicht getragenen Konsenses über die Werte, die das Leben in der Republik der Niederlande regeln sollten.

Rückgriffe auf die Geschichte des Landes

Historische Beschreibungen des Aufstands gegen Spanien und der Unabhängigkeit der Republik – alle anderen überragend die illustrierten *Nederlandsche Historiën* von Pieter Cornelisz. Hooft (1581–1647), die 1642 dem Statthalter Friedrich Heinrich gewidmet wurden – stellen die Niederländer als grundlegend verschieden von ihren ehemaligen Herren dar, als ein auserwähltes Volk mit einer gemeinsamen Geschichte, das durch göttliches Eingreifen zur Unabhängigkeit geführt wurde. Solche Darstellungen waren wichtig für den politischen Zusammenhalt der Republik, denn die Geschichte der Provinzen und Städte, die zusammen erst den Staat bildeten, war eher eine Chronik der Auseinandersetzungen, geprägt von lokalen Interessen, als eine der gemeinsamen Ziele. Die Illustrationen zu den historischen Ereignissen in diesen Büchern zeigen eine allegorische Darstellungsweise, wie wir sie aus dem Oranjezaal kennen (s. Abb. 20); die Flugblätter wiederum, die sich mit geschichtlichen Episoden befaßten, vermischten dokumentarische Beschreibungen mit politischen Absichten, wie beispielsweise Hendrick Vrooms (um 1566–1640) *Landung bei Philippine*

70 Rembrandt Harmensz. van Rijn. *Die Verschwörung des Claudius Civilis,* um 1661. Öl auf Leinwand, 196 x 309 cm. Stockholm, Nationalmuseum

Der Stadtrat ließ das Gemälde nach einem Jahr wieder entfernen, um es durch eine gefälligere klassizistische Komposition zu ersetzen, die von Govert Flinck begonnen und von Jurriaen Ovens (1623–1678) vollendet wurde. Man zog deren modischen Stil möglicherweise Rembrandts Ruppigkeit vor. Vielleicht gefiel den Ratsmitgliedern auch die Darstellung des (von Tacitus erwähnten) blinden Auges des Batavers nicht, denn sie bedeutete eine Mißachtung des ungeschriebenen Gesetzes, einäugige Menschen im Profil wiederzugeben.

oder de Gheyns *Segelwagen* (s. Abb. 13, 35). Die große Menge der Drucke zu aktuellen Ereignissen steht in auffälligem Kontrast zur geringen Zahl der überlieferten gemalten Darstellungen.

Obwohl viele Gemälde die niederländische Geschichte zum Thema hatten, bedienten sie sich doch im allgemeinen typologischer Mittel, einer Darstellungsweise also, die eine Situation schildert, indem sie sie zu einem früheren Ereignis in Beziehung setzt. In der Typologie des Mittelalters und der Renaissance verstand man die Geschehnisse des Alten Testaments als Präfigurationen des Neuen Testaments. Im niederländischen Geschichtsverständnis des 17. Jahrhunderts herrschte ein ähnliches Prinzip vor, dem zufolge bedeutende Ereignisse der Landesgeschichte oder sogar biblische Begebenheiten unter zeitgenössischen Bedingungen dargestellt werden konnten. So betrachteten die Historiker die Revolte gegen die Spanier als ein Ereignis, das dem Aufstand der germanischen Bataver – den Vorfahren der Niederländer in römischer Zeit – gegen den römischen Provinzgouverneur im Jahre 69 n.Chr. gleichzusetzen war. Sie glorifizierten den Anführer der Bataver, Claudius Civilis, weil es ihm gelungen war, sich der römischen Gesandten, die maßlose Forderungen stellten, zu erwehren und dennoch ein ehrenvolles Bündnis mit dem mächtigen Römischen Reich zu schließen. Bei den Siegesfeiern im Achtzigjährigen Krieg wurde der Statthalter häufig als wiedergeborener Civilis dargestellt.

Als die Stadt Amsterdam die Aufträge für die Innenausstattung des prächtigen, zwischen 1648 und 1655 gebauten Rathauses vergab, bestellte man eine gemalte Chronik des Bataveraufstandes

für die öffentlich zugänglichen Galerien. Rembrandt sollte *Die Verschwörung des Claudius Civilis* darstellen (Abb. 70). Er entschied sich für eine heimlich um einen Tisch versammelte Männergruppe, die ihrem sie alle überragenden Anführer die Treue schwört, und verlegte die Szene in einen dunklen, von unsichtbaren Kerzen dramatisch beleuchteten Raum. Da das Gemälde ursprünglich sehr viel größer war als heute, muß diese Darstellung des entscheidenden historischen Augenblicks damals noch beeindruckender gewesen sein. Rembrandts Porträt der grobschlächtigen Bataver stimmte mit der germanischen Geschichte, wie Tacitus sie schilderte, überein; dieser beschrieb die Bataver als mutiges, aber primitives Volk. Mit einem Bild des Civilis im Rathaus bekräftigte die Oberschicht Amsterdams für jedermann sichtbar den Führungsanspruch der Stadt innerhalb der Republik der Niederlande.

71 Caesar van Everdingen. *Graf Wilhelm II. von Holland verleiht Privilegien,* 1654. Öl auf Leinwand, 218 x 212 cm. Leiden, Gemeenlandshuis

Auch einflußreiche Institutionen erinnerten mit Darstellungen wichtiger Ereignisse aus ihrer Vergangenheit an ihre eigene Geschichte. 1654 etwa beauftragten die Vorsteher der Leidener Wasser-Aufsichtsbehörde Caesar van Everdingen (1616/17–1678), die Anerkennung ihrer Privilegien durch den Grafen von Holland im Jahre 1255 zu malen (Abb. 71). Everdingen zeigte den Grafen im königlichen Habit des 17. Jahrhunderts und verlegte das Geschehen in ein klassizistisches Ambiente, das im Stil der zeitgenössischen Architektur gehalten war, eine Vorgehensweise, mit der er die ungebrochene Bedeutung dieses Ereignisses auch für die Wasserwirtschaft seiner eigenen Zeit betont.

Verbreiteter als Darstellungen von Episoden aus der niederländischen Geschichte waren Gemälde mit biblischen, griechischen und römischen Themen, mit denen sich ein Bezug zur aktuellen Situation herstellen ließ. Die Geschichte des jüdischen Helden Simson beispielsweise, der durch weibliche Verführung ins Verderben gestürzt wurde, spielte darauf an, daß ein Leben im Überfluß den Verlust der Wachsamkeit nach sich ziehen kann – ein häufig angeführtes Argument dafür, den Krieg gegen Spanien fortzusetzen. Falls Rembrandt seine grausame *Blendung Simsons* wirklich dem Hofsekretär Constantijn Huygens übereignete, war dieses Geschenk nicht so befremdend, wie es zunächst scheinen mag (s. Abb. 44). Die niederländischen Geschichtsschreiber stellten ihre Zeitgenossen als das neue Volk Israel dar, eine kleine, aber von Gott auserwählte Gemeinde, der die moralische Führungsrolle zukam; deshalb bevorzugte man Legenden über jüdische Helden und Heldinnen, beispielsweise Moses und Esther, die Gottes Volk vor dem Untergang bewahrt hatten (s. Abb. 24). Gemälde, die solche Themen aus dem Alten Testament aufgriffen, fanden sicherlich nicht nur wegen deren besonderer Bedeutung im Rahmen der kalvinistischen Lehre Anklang, sondern wurden auch als Präfigurationen der aktuellen Situation in der Republik betrachtet.

Römische Sujets wurden beispielsweise in mehreren Gemälden aufgegriffen, die für das Amsterdamer Rathaus bestimmt waren und denen in bezug auf die vier Bürgermeister der Stadt eine lehrhaft-moralisierende Bedeutung zukam. 1656 malte Govert Flinck (1615–1660), der in den 30er Jahren in Rembrandts Werkstatt ausgebildet worden war, den römischen Heerführer Marcus Curius Dentatus, der sein eigenes, einfaches Rübenmahl dem Gold vorzieht, das ihm die Feinde Roms anbieten (Abb. 69). Das Gemälde sollte die Bürgermeister nicht nur an ihre Pflicht erinnern, der Korruption zu widerstehen, sondern auch jedermann demonstrieren, daß sie sich ihrer Verantwortung für die Stadt bewußt waren.

Historienbilder für Rathäuser und andere öffentliche Einrichtungen waren in der Republik verhältnismäßig selten. Weitaus größer war die Zahl ›neutraler‹ Gemälde und Drucke, die historisch bedeutsame niederländische Städte zeigten. Der Dordrechter Maler Aelbert Cuyp (1620–1691) schuf mehrere Ansichten von Nijmegen, einer an der Ostgrenze des Landes liegenden Stadt; sie alle basierten auf Zeichnungen, die er auf einer zuvor unternom-

72 Aelbert Cuyp. *Ansicht von Nijmegen mit dem Valkhof,* um 1652–1655. Öl auf Holz, 48,9 x 73,7 cm. Indianapolis Museum of Art

menen Reise gemacht hatte (Abb. 72). Von einem hellen Himmel heben sich die Silhouetten der Gebäude auf dem anderen Flußufer mit geradezu kristallener Klarheit ab, in ihrem Mittelpunkt die von einem Turm überragte Festung Valkhof (Falkenhof), die aus dem Mittelalter stammte. Die Geschichtsschreiber priesen Nijmegen nicht nur als Heimat des Claudius Civilis, sondern auch als Bollwerk Karls des Großen und der Republik.

Auch Maler, die Kircheninterieurs wiedergaben, wählten zuweilen Ansichten, welche auf die Zeitgeschichte anspielten. Gerard Houckgeest und andere Delfter Maler entwarfen Blicke in die Nieuwe Kerk, die auf das von Hendrick de Keyser geschaffene Grabmal Wilhelms II., Prinz von Oranien und Anführer der Revolte gegen Spanien, ausgerichtet waren (s. Abb. 46). Man hat vermutet, daß solche Ansichten vor allem von den Verfechtern des Statthalteramtes geschätzt wurden, dessen Nutzen nach dem Tod

Wilhelms II. 1650 fragwürdig geworden war; genau um diese Zeit entstanden die ersten dieser Arbeiten. Auch wenn die Auswirkungen dieses politischen Faktors nicht genau zu bestimmen sind, kann man doch mit großer Wahrscheinlichkeit davon ausgehen, daß einige der vielen Bewunderer, die das Grab des ›Vaters des Vaterlandes‹ besuchten, gern eine dauerhafte Erinnerung an diesen Ort mit zurücknehmen wollten.

Die niederländische Landschaft

Die Landschaftsmalerei erlebte zur Zeit der Republik ein Blütezeit; um die Mitte des Jahrhunderts war sie die am weitesten verbreitete und beliebteste Bildgattung und darüber hinaus die im Durchschnitt preiswerteste. Unter Landschaft wurden viele verschiedene Sujets zusammengefaßt, vom Hirtenidyll bis zur Allegorie, aber ihr bescheidenstes Thema war zugleich auch das innovativste: die lokale Umgebung. In den ersten zwei Jahrzehnten des Jahrhunderts hatten vor allem Haarlemer Graphiker dieses Genre entwickelt. 1611 gab Claes Jansz. Visscher unter dem Titel *Liebliche Orte* eine Serie von 12 topographischen Kupferstichen heraus, die eine imaginäre Reise entlang historisch bedeutsamen Orten, die die Arbeit und die Erholung der Bürger in der Umgebung von Haarlem dokumentierten. Während einige der Drucke an die schmerzvollen jüngsten Ereignisse erinnerten, etwa die spanische Besetzung Haarlems nach der Belagerung von 1573, spielten andere auf die gerade eroberte Freiheit und den Wohlstand der Stadt an, für den die blühende Bleichindustrie als Beispiel dient (Abb. 73). Die unkomplizierte Darstellungsweise dieser Stiche läßt an zeitgenössische Erzählungen denken, die den fleißigen, schlichten Charakter der Bewohner dieses Landes loben.

Mehrere andere Haarlemer Künstler taten es Visscher mit eigenen Zeichnungen zu Reiseerlebnissen bald gleich; auf diese Weise muß

73 Claes Jansz. Visscher. *Bleichwiesen bei Den Houdt, Haarlem,* 1611. Kupferstich, 10,4 x 15,8 cm. Amsterdam, Rijksmuseum

In seinem Zyklus *Liebliche Orte* verschmolz Visscher die verschiedenen Genres des Landschaftsdruckes, der Kartenmalerei und der geographischen Beschreibung. Als Herausgeber solcher Werke fiel es ihm nicht schwer, das neue Sujet anhand einer imaginären Reise durch die heimatliche Landschaft zu gestalten. Dieser Kupferstich verführt den Betrachter dazu, mit den Augen auf dem Pfad entlang den Bleichwiesen durch das offene Tor zu wandern.

sich ein breites Publikum mit diesen zunächst ungewohnten Ansichten der näheren Umgebung vertraut gemacht haben. Seit den 20er Jahren des 17. Jahrhunderts begannen sich Maler wie Esaias van de Velde und Jan van Goyen auf ähnliche neuartige Darstellungen zu spezialisieren, in deren Mittelpunkt die niederländischen Küsten, Flüsse, Felder, Städte, Plätze, Häuser und der Himmel über dem Land standen. Um 1650 malte der Amsterdamer Künstler Philips Koninck (1619–1688) großformatige Flußpanoramen (s. Abb. 52). Aufschlußreicher jedoch als die einzelnen Motive dieser Landschaftsgemälde ist der rein zahlenmäßige Umfang dieser Werke, die wie eine objektive Dokumentation der damaligen Niederlande wirken – ungeachtet der Tatsache, daß bestimmte Themen auch weiterhin eine ganz besondere Botschaft vermitteln konnten.

Aelbert Cuyps Ansicht von Nijmegen aus den 50er Jahren stellt dem altehrwürdigen Valkhof eine in weiter Ferne gelegene kleine Windmühle gegenüber, ein Kunstgriff, der nicht nur eine räumliche Wirkung schafft, sondern auch den Valkhof, ein wichtiges Symbol niederländischer Macht, Unabhängigkeit und kultureller Einmaligkeit, in Beziehung zu einem allgemeinen Wahrzeichen setzt, der Windmühle. Zahlreiche Künstler stellten dieses allgegen-

74 Jacob van Ruisdael. *Die Mühle von Wijk bij Duurstede,* um 1670. Öl auf Leinwand, 83 x 101 cm. Amsterdam, Rijksmuseum

Obwohl Ruisdaels Gemälde auf vor Ort gemachten Zeichnungen beruht, isolierte er die Windmühle, indem er eine Stadtmauer und das ›Frauentor‹ fortließ, das sich an der Stelle befand, wo die drei Frauen im Vordergrund zu sehen sind.

75 Hendrick Avercamp.
Schlittschuhläufer auf einem zugefrorenen Kanal,
um 1620. Öl auf Holz,
36,8 x 65 cm. Los Angeles,
Sammlung Mr. und Mrs.
Edward William Carter

Avercamp schuf seine dicht bevölkerte Schlittschuhläufer-Szene nach detaillierten Einzelstudien von Figuren, die er dann in mehreren Kompositionen wiederverwenden konnte.

wärtige Bauwerk dar, um ihren Landschaftsbildern eine spezielle Note zu geben – keiner eindrucksvoller als Jacob van Ruisdael (um 1628/29–1682?). Indem er für seine *Mühle von Wijk bij Duurstede* aus den Jahren um 1670 (Abb. 76) einen sehr niedrigen Blickwinkel wählte, hebt sie sich noch imposanter von ihrer Umgebung ab als Cuyps Valkhof. Der Anblick von Windmühlen konnte zu ganz unterschiedlichen Betrachtungen anregen. In der emblematischen Literatur und in religiösen Traktaten spielten die vom Wind bewegten Flügel metaphorisch auf die gottgegebene Macht der Natur und den Geist an, während ihre gekreuzten Flügel in älteren Darstellungen das Kreuz Christi symbolisieren konnten. Ruisdaels sich auftürmende Wolken sollen möglicherweise auf Gottes Macht verweisen, aber das Gemälde greift nicht eindeutig auf diese Bildtraditionen zurück; man mag diese gewaltige Getreidemühle ebensogut als ein Symbol für den menschlichen Erfindungsreichtum und als Werkzeug zur Nutzbarmachung der natürlichen Windenergie betrachtet haben. Es gab auch verschie-

dene Drucke, die die einzelnen Mühlentypen und ihre wichtige wirtschaftliche Bedeutung – vom Weizenmahlen bis hin zur Landgewinnung – zeigten.

Unter allen niederländischen Landschaftsdarstellungen fangen diejenigen mit Menschen, die auf einem zugefrorenen Kanal Schlittschuh laufen, den Charakter des Landes und seiner Bewohner vielleicht am deutlichsten ein (Abb. 75). Schriftliche Quellen wie auch Bilder verraten, daß die Zeitgenossen großen Gefallen fanden an den endlosen zugefrorenen Wasserflächen und den Freizeitvergnügungen, die sie boten. Zudem gab es Darstellungen mit Schlittschuhläufern schon vor dem 17. Jahrhundert, erst in der Republik jedoch entwickelte sich dieses Thema zu einem eigenen Genre, das in Hendrick Avercamp (1585–1634) seinen wichtigsten Repräsentanten fand. In seinen Bildern kommen alle gesellschaftlichen Gruppen zusammen: Bauern, einfache Bürger und Patrizier genießen gemeinsam die Bewegung im Freien, wobei von den Spannungen zwischen den gesellschaftlichen Schichten, die in satirisch-ironischen Abhandlungen über das Eislaufen beschrieben werden, nichts zu spüren ist.

Während die Gemälde mit Windmühlen und Segelwagen, zugefrorenen Kanälen und Eisseglern vor allem die niederländische Erfindungsgabe auf dem Gebiet von Wasser und Wind zum Thema haben, geht es bei den beliebten Kuh-Darstellungen um die vorrangige Nutzung der Landflächen. Das Porträtieren preisgekrönten Viehs hatte bereits eine gewisse Tradition, aber erst um die Mitte des Jahrhunderts entwickelte sich die Darstellung von Nutztieren zu einem eigenen Genre. Paulus Potter (1625–1654) war einer der ersten, die sich auf dieses Thema spezialisierten, und gleich zu Beginn schuf er dessen Inbegriff: den *Jungen Bullen* aus dem Jahre 1647 (Abb. 76). Potter konfrontiert den Betrachter mit einem lebensgroßen, in allen Details äußerst naturgetreu wiedergegebenen Stier und scheint auf den ersten Blick damit das Porträt eines individuellen Tieres geschaffen zu haben; moderne ana-

76 Paulus Potter. *Der junge Bulle,* 1647. Öl auf Leinwand, 230 x 340 cm. Den Haag, Mauritshuis

Dieses Gemälde war ursprünglich kleiner, wahrscheinlich, weil Potter zunächst nur den Bullen darstellen wollte. Schon bald nach Beginn der Arbeit stückte er links, rechts und oben zusätzliche Leinwandstreifen an, um den Bauern und die anderen Tiere darzustellen.

77 Hendrik Hondius II.
Kühe in einem Fluß, 1644.
Kupferstich, 20,3 x 15,2 cm.
Amsterdam, Rijksmuseum

Die Inschrift lautet: »Ihr Herren Wächter, paßt gut auf, daß uns die holländische Kuh nicht gestohlen wird.« Dieser Stich gehört zu einer Serie von sechs Drucken mit patriotischen Themen.

tomische Analysen zeigten jedoch, daß es sich bei dem Stier um eine Synthese von Detailstudien mehrerer Tiere unterschiedlichen Alters handelt. Die zeitgenössischen Betrachter mochten den Stier, die Kuh und das Lamm als Anspielungen auf das Wohlergehen der Niederlande sehen, denn Viehzucht und Milchwirtschaft waren zu einer Quelle nationalen Wohlstands geworden, auf die man voller Stolz verwies, vor allem dann, als die politisch stabile Lage es erlaubte, diesen Erwerbszweig auszubauen. In seiner Karte, auf der er die innenpolitische Situation während des Waffenstillstandes festhielt, stellte Claes Jansz. Visscher rechts neben seinem heraldischen Löwen auch Kühe dar, als eine von viele Vignetten, die die Nutzung des freien niederländischen Bodens dokumentieren sollten (s. Abb. 9). Die Kuh konnte sogar ein Symbol für die Republik als Ganzes sein. Ein Kupferstich von Hendrik Hondius II. (1597–nach 1644; Abb. 77), der drei Jahre vor Potters *Jungem Bullen* entstand, gibt im Vordergrund weidende und trinkende Kühe wieder; die Inschrift unter diesem Bild ermahnt jedoch die nieder-

78 Gabriel Metsu. *Der Gemüsemarkt in Amsterdam,* um 1661/62. Öl auf Leinwand, 97 x 81,3 cm. Paris, Musée du Louvre

ländischen Führer zur Wachsamkeit, »damit uns die holländische Kuh nicht gestohlen wird«. Einen ähnlich eindringlichen Appell stellt auch Aelbert Cuyps erwähnte Ansicht von Nijmegen dar, in der das Vieh vor dem Hintergrund des Valkhofes gezeigt wird.

Eine ebenso wichtige Quelle des Lebensunterhaltes, auf die man zu Recht stolz sein konnte, war der Gartenbau. Der *Gemüsemarkt*, den Gabriel Metsu (1629–1667) um 1661/62 malte, zeigt vor dem Hintergrund der Prinsengracht, einem der schönsten Kanäle Amsterdams, eine beeindruckende Vielfalt von Kohlsorten und

Wurzelgemüsen (Abb. 78). Den Ehrenplatz nehmen die Gartenmöhren (die orangefarbenen Karotten in dem geflochtenen Korb) und der Blumenkohl ein, zwei teure Gemüse, die die niederländischen Züchter erst kurz zuvor entwickelt hatten; ihnen gegenübergestellt sind Rüben und andere bescheidene Zutaten der niederländischen Küche. (Unter diesem Aspekt betrachtet, ist Govert Flincks Darstellung des Curius Dentatus für das Rathaus von Amsterdam nicht nur ein Beispiel für einen mißlungenen Bestechungsversuch, sondern betont auch den Vorrang niederländischer Lebensart – der Hauptmann bevorzugt die Rüben, ein einfaches, heimisches Produkt.) Der Kanal wiederum lenkt die Aufmerksamkeit auf einen Grundpfeiler des Amsterdamer Wohlstands: den Zugang zum niederländischen Wasserstraßennetz.

Metsus Gemälde ist nicht zuletzt eine Hommage an die Amsterdamer Architektur, die gerade mit Hilfe gewaltiger Baumaßnahmen umgestaltet worden war, um den ständig wachsenden Bedarf nach Häusern und Speicherkapazität zu befriedigen; darüber hinaus spiegelt das Bild die Entwicklung eines neuen Genres von Stadtansichten wider, wie es sich nach der Mitte des Jahrhunderts entfaltete. Jan van der Heyden (1637–1712) jedoch, einer der begabtesten Spezialisten für Stadtansichten, war es, der die Vorstellung prägte, die wir uns vom Amsterdam des 17. Jahrhunderts machen. Mit Gemälden wie *Die Westerkerk in Amsterdam* (Abb. 79) präsentiert er ein respektgebietendes, glanzvolles Bild der Stadt in

79 Jan van der Heyden. *Die Westerkerk in Amsterdam,* um 1670. Öl auf Holz, 41 x 59 cm. London, Wallace Collection

Obwohl die von Hendrick de Keysers entworfene Kirche vor allem von den Bewohnern des Jordaan, eines bescheidenen Stadtviertels, besucht wurde, stellt van der Heyden sie von der prächtigen Keizersgracht (dem neuen Kaiserkanal) aus gesehen dar.

80 Lieven de Key. Turm der Nieuwe Kerk in Haarlem, 1613

81 Willem van de Velde II. *Die ›Gouden Leeuw‹ vor Amsterdam,* 1686. Öl auf Leinwand, 180 x 310 cm. Amsterdam, Amsterdams Historisch Museum

den 70er Jahren. Diese Stadtansichten, von denen viele auf phantasievolle Weise reale und erfundene Gebäude kombinieren, sind in bezug auf ihre Auslassungen mindestens ebenso interessant wie für das, was sie wiedergeben – sowohl die dokumentarischen als auch die satirischen Beschreibungen Amsterdams erwähnen immer wieder den dichten Verkehr aus Menschen und Wagen, die streitenden Anwohner in den Straßen, den Schmutz und das Verbrechen. Van der Heydens Stadtansichten unterschlagen dies alles jedoch; überdies verschleiern sie ebenso wie Avercamps Eislaufdarstellungen die sozialen Unterschiede. So bieten sie das Bild einer blühenden Stadt, eine mit Hingabe gemalte Illusion.

In den Mittelpunkt seines Gemäldes stellt van der Heyden die Westerkerk, die 1620 von Hendrick de Keyser entworfen worden war. Obwohl sie durch die Verwendung der vor Ort hergestellten Backsteine mit ihren warmen Farben im Aufbau älteren niederländischen Bauten verpflichtet war, präsentiert sie eine Reihe innovativer Details; so muß der 1638 vollendete Glockenturm mit seinen drei Stockwerken und den klassischen, konsolenbekrönten Steinsäulen, die eine elegante Zwiebelkuppel tragen, den Zeitgenossen geradezu wie ein Abbild von Weltoffenheit erschienen sein. In vielen Gemälden aus dem 17. Jahrhundert prägt ein solcher einsam in den Himmel ragender Kirchturm die Komposition; die Architekten nutzten die Flachheit des Landes, um eine subtil gestaltete Silhouette von Kirchturmspitzen gegen den Himmel zu zeichnen, Symbole für den tiefen, allgegenwärtigen protestantischen Glauben. Beim Bau des großartigen Turms für die Nieuwe Kerk in Haarlem 1613 griff Lieven de Key (um 1560–1627) auf italienische Architekturelemente zurück, kombinierte sie jedoch so

miteinander, wie er es aus seiner Heimat Flandern kannte (Abb. 80), und Paulus Potter hob die Bedeutung der schlanken Kirchturmspitzen am Horizont hervor, indem er sie seinem massigen Bullen gegenüberstellte (s. Abb. 76).

Der niederländische Welthandel

Die Gemälde des 17. Jahrhunderts beschreiben die Republik nicht nur unter historischen Vorzeichen, sondern zeigen sie auch als Schauplatz reger ökonomischer Aktivität. Während Landschaftsdarstellungen, Stadtansichten und Tierbilder die einheimischen Voraussetzungen des wirtschaftlichen Erfolges der Niederlande feiern, verweisen vor allem die Seestücke auf dessen noch wesentlichere Grundlagen, auf den Überseehandel und die Unternehmungen in den Kolonien. Obwohl viele Seestücke auf dem Markt recht preiswert zu kaufen waren, gehörten die begabteren der Maler, die sich auf dieses Genre spezialisierten, zu den bestbezahlten Künstlern; die Generalstaaten, städtische Magistrate, die Admiralität sowie nicht zuletzt die Handelskompanien bestellten Gemälde mit der Darstellung der niederländischen Kriegs- und Handelsflotte, sei es in einem großen Hafen, sei es in der Schlacht oder auf See (Abb. 81). Die Vormachtstellung der niederländischen Handelsschiffahrt bot zwar erhebliche Gewinnmöglichkeiten, die Risiken waren jedoch vergleichsweise groß. Auf ihren langen Reisen ins Baltikum, ins Mittelmeer, in die Neue Welt, nach Afrika und in den Fernen Osten waren die Handelsschiffe beständig durch Kriege, Piraterie, tückische Küstengewässer und plötzliche Unwetter gefährdet. So ist es nicht verwunderlich, daß Sujets wie Schiffsuntergänge im Sturm Eingang in die Malerei fanden. Am dramatischsten pflegte Ludolf Backhuysen (1631–1708) solche

82 Ludolf Backhuysen. *Kenternde Schiffe im Sturm,* um 1690. Öl auf Leinwand, 170 x 340 cm. Brüssel, Musées Royaux des Beaux Arts

Backhuysen illustrierte die Stadien eines Schiffsuntergangs anhand von drei Schiffen. Dem Dreimaster links gelingt es knapp, den Kurs zu halten, weil er klugerweise nur mit einem Besan segelt. Der Fregatte mit dem gebrochenen Mast rechts wird das gleiche Schicksal zuteil wie dem untergehenden Schiff daneben.

83 Anonym. *Ein Tupinamba-Mann.* Handkolorierter Kupferstich aus der *Historia Naturalis Brasiliae*, 1648

Oben rechts:
84 Anonym. *Schwertfisch.* Handkolorierter Kupferstich aus der *Historia Naturalis Brasiliae*, 1648

85 Frans Post. *Der Ochsenkarren,* 1638. Öl auf Leinwand, 61 x 88 cm. Paris, Musée du Louvre

Ereignisse darzustellen; das größte seiner erhaltenen Gemälde (Abb. 82) erweckt den Anschein, als sei er mitten im windgepeitschten Meer Zeuge der Katastrophe gewesen. Auf diese Weise verwickelt er den Betrachter in das Drama, fordert ihn auf, Anteil am Schicksal des Schiffes und der Mannschaft zu nehmen.

Auch wenn solche Darstellungen auf die Angreifbarkeit der niederländischen Seeherrschaft verweisen, so deuten doch ferne Sonnenstrahlen oftmals die Hoffnung an, daß sich das Schicksal noch wenden wird; die Zukunft des Schiffes links in Backhuysens Gemälde, dessen niederländische Flagge vor einem sich aufhellenden Himmel weht, sieht vielleicht nicht ganz so düster aus.

Für die Seestücke wurde oft ein extremes Querformat gewählt, so daß die sich über die gesamte Breite erstreckende Wasserfläche die scheinbar unendliche Weite der See suggeriert. Die Eroberung dieser Unendlichkeit durch die mächtige Flotte mit ihrer aus-

gezeichneten Navigationskunst erlaubte es den niederländischen Handelskompanien, ihren Einfluß in neuentdeckten Gebieten zu sichern, indem sie de facto Handelsmonopole aufbauten, beispielsweise für Gewürze, Seide und Porzellan aus Java und Japan oder für Elfenbein, Gold und Sklaven aus Afrika, mit denen sich besonders große Profite erzielen ließen. Der Handel wurde durch die holländischen Niederlassungen erleichtert; darüber hinaus besaß die Republik in Übersee Kolonien, die sie häufig anderen Seefahrernationen im Krieg abgewonnen hatte.

Trotz ihres scheinbaren Realismus zeigen die niederländischen Darstellungen wenig vom Arbeitsalltag in den Kolonien, sondern konzentrieren sich statt dessen auf deren Vorteile für Handel, Kunst und Wissenschaft. Das ambitionierteste Projekt im Zusammenhang mit den Überseegebieten war die Dokumentation der Dörfer, Menschen, Tier- und Pflanzenwelt Ostbrasiliens – Teile davon waren zwischen 1630 und 1654 in niederländischem Besitz – in Form von literarischen Beschreibungen, Landkarten und Gemälden. Gefördert wurde dieses Vorhaben von Johann Moritz von Nassau (1604–1679), einem Neffen des Statthalters Friedrich Heinrich, der von 1637 bis 1644 Generalgouverneur der brasilianischen Besitzungen der Westindischen Handelskompanie war. Ärzte, Biologen und Kartographen sowie Künstler, beispielsweise Frans Post (1612–1680) und Albert Eckhout (um 1610–1666), sammelten das Material für die *Historia Naturalis Brasiliae*, eine umfangreiche naturgeschichtliche und ethnographische Studie über Brasilien, die mit 533 Holzschnitten exotischer Entdeckungen vom Schwertfisch bis hin zu Eingeborenenhäuptlingen illustriert war (Abb. 83, 84). In einigen Ausgaben der *Historia* wurde ihr wissenschaftlicher und künstlerischer Wert noch durch eine einfühlsame Kolorierung der Holzschnitte gesteigert.

Posts Darstellungen der brasilianischen Flüsse, Straßen und Felder orientieren sich an den bekannten Bildschemata der niederländischen Landschaftsmalerei; abgesehen von den aus Afrika stammenden Arbeitern und dem exotischen Baum erinnert sein *Ochsenkarren* aus dem Jahre 1638 (Abb. 85) an zeitgenössische niederländische Bilder, beispielsweise die frühen Arbeiten seines

86 Albert Eckhout. *Bildnis einer Tapuya-Frau,* 1641. Öl auf Leinwand, 260 x 160 cm. Kopenhagen, Nationalmuseet, Etnografisk Samling

Durch die beiläufige Wiedergabe halbverzehrter Gliedmaßen vermittelt Eckhouts Gemälde den Eindruck, hier handele es sich um eine authentische Darstellung, obwohl es typologisch eng mit den Bildnissen anderer Tapuya-Frauen verwandt ist, die stets einen menschlichen Fuß bei sich tragen.

Bruders Pieter Post (1608–1669). Solche Darstellungen der brasilianischen Kolonie wiesen – wenngleich von den Künstlern in dieser Form sicherlich nicht bewußt beabsichtigt – die fremdländische Landschaft als eine im Grunde genommen niederländische aus, die problemlos und mit vollem Recht in Besitz genommen werden konnte. Entsprechend vereinnahmten die niederländischen Wissenschaftler, indem sie die brasilianischen Pflanzen, Tiere und Eingeborenen nach europäischem Muster klassifizierten und darstellten, die einheimische Natur und Kultur mit der gleichen Selbstverständlichkeit, wie es das Militär realiter tat. So sind etwa die Porträts der Einheimischen mindestens ebensosehr von vorgefaßten Meinungen wie von konkreter Beobachtung bestimmt. Eckhout malte eine Tapuya-Frau, die ein menschliches Bein in ihrem Korb trägt und einen halb verspeisten Arm in der Hand hält (Abb. 86): Der Kannibalismus der Nichteuropäer stellte für alle Kolonialmächte ein beständiges Faszinosum dar, obwohl er sogar in ritueller Form in Wirklichkeit äußerst selten war. Aber indem sie den ›Primitiven‹ barbarische Handlungen unterstellten, rechtfertigten die Europäer unbewußt die Ausbeutung der eingeborenen Bevölkerung in den eroberten Gebieten.

Obwohl sie in ihrem Umfang von keinem anderen Werk übertroffen wurde, ist die nahezu enzyklopädische Studie über Brasilien vergleichbar mit niederländischen Forschungsprojekten in anderen Kolonien, die auf ähnliche Weise sowohl wissenschaftlichen als auch politischen Interessen dienten. Botaniker nutzten die weltumspannende Reichweite des niederländischen Handels, um neue Erkenntnisse sowie bis dahin unbekannte Pflanzensorten für den Gartenbau wie auch medizinische Zwecke zu gewinnen, und Maria Sibylla Merian machte einige ihrer großartigsten insektenkundlichen Entdeckungen während der zwei harten Jahre, die sie in Surinam verbrachte, der niederländischen Kolonie, die für ihren beispiellosen Mißbrauch der Sklaven traurige Berühmtheit erlangen sollte. Auch wenn diese Wissenschaftler von einem ernsthaften und leidenschaftlichen Interesse für die Natur getrieben waren, verdankten sie ihre Erkenntnisse doch Handelsunternehmungen, die die systematische Ausbeutung anderer Völker und Länder bewußt in Kauf nahmen. Diese Praxis wurde unausgesprochen vom Glauben an die Überlegenheit der weißen Christen gerechtfertigt – ein Mythos, der zu jener Zeit so selbstverständlich erschien, daß er nur andeutungsweise formuliert wurde.

Die Moral im eigenen Heim

Gelegentlich vermittelt die Stillebenmalerei etwas von dem Stolz, den die Zeitgenossen angesichts des Welthandels und der Unternehmungen in den Kolonien empfanden. Wie die botanischen Gärten und die erlesenen Sammlungen vereinigten die Stilleben verschiedene Objekte aus allen Bereichen des niederländischen

87 Willem Kalf. *Stilleben mit einem Ingwertopf aus der Ming-Dynastie.* 1669.
Öl auf Leinwand, 77 x 65,5 cm. Indianapolis Museum of Art

Der Ingwertopf wurde erst kurz vor der Entstehung des Bildes aus China importiert, denn er ist in der Übergangsphase zwischen der Ming- und der K'ang-hsi-Periode geschaffen worden (1644–1662).

88 **Willem Buytewech.** *Fröhliche Gesellschaft,* um 1622–1624. Öl auf Leinwand, 65 x 81 cm. Berlin, Staatliche Museen, Bodemuseum

Die Darstellung spielte ursprünglich sehr direkt auf ein verbotenes Vergnügen an: Der Mann links hielt einen Nachttopf, der zum typischen Inventar von Bordellszenen gehört. Dieses anrüchige Utensil wurde im frühen 20. Jahrhundert übermalt und die Hand des Mannes auf dem Stuhl ruhend wiedergegeben.

Handelsimperiums; diese fanden so, wenngleich nach europäischen Vorstellungen von Wissenschaft und Sammeln präsentiert, ohne besondere Berücksichtigung der Ursprungsorte Eingang in das Haus der niederländischen Bürger. In einer seiner Darstellungen luxuriöser Haushaltsgegenstände kombiniert Willem Kalf (1619–1693) mühelos venezianisches und niederländisches Glas mit einem chinesischen Ingwertopf neuester Form, einem niederländischen Silberteller, einem Pfirsich aus dem Mittelmeerraum und einer halb geschälten Zitrone, einem begehrten Handelsobjekt, das auch für medizinische Zwecke verwendet wurde (Abb. 87). Er arrangierte sein Tableau auf einem blumengemusterten Orientteppich und unter dramatischer Beleuchtung, die zu genauer Betrachtung und Bewunderung einlud, sowohl für die kostbaren Dinge selbst als auch nicht zuletzt für das handwerkliche Können des Malers. Kalfs brillante Technik unterstreicht den Wert der Objekte und vereinigt sie in einem Arrangement, das, wie realistisch jeder einzelne Gegenstand auch wiedergegeben sein mag, eindeutig von malerischen Gesichtspunkten geprägt ist. Kalf stellte diese Dinge auch in anderen Gemälden dar – ihre Zusammenstellung dokumentierte keineswegs die Schätze eines bestimmten Sammlers, sondern entsprang der Phantasie des Künstlers. Eine

Uhr gibt den obligatorischen Hinweis auf die Vergänglichkeit, *Vanitas*, aber auch bei ihr handelt es sich um ein besonders schön gearbeitetes Stück. Die Anspielung auf die Zeit betont jedoch auch einen anderen Aspekt: die Fähigkeit des Stillebens, die dargestellten Objekte über ihren Verfall hinaus zu retten, indem man ein Erinnerungsbild von ihnen schafft. Die Uhr mag sogar Kalfs Stunden festhalten, die er benötigte, um dieses exquisite Bild zu vollenden. Wie bei vielen Stilleben zeigt sich der Verweis auf die Vergänglichkeit auch in der Komposition; die Dinge sind sorfältig von einer menschlichen Hand arrangiert. Während diese Anordnung einerseits den Realismus steigert, betont sie andererseits das durch die Uhr entstehende Unbehagen.

In jüngster Zeit ist die These aufgestellt worden, daß Kalfs Kombinationen von Prunk- und Vanitasstilleben paradigmatisch für die niederländische Mentalität des 17. Jahrhunderts seien, wo man zwar das Wohlleben genoß, sich jedoch gleichzeitig vor den moralischen Konsequenzen des Reichtums fürchtete – eine Geisteshaltung, die den niederländischen Unternehmungsgeist feierte, sich aber unentwegt dessen Abhängigkeit von Gottes Wohlwollen vor Augen führte. Diese Betrachtungsweise läßt zwar die verschiedenen Gesellschaftsschichten sowie lokale, religiöse und geschlechtsbedingte Unterschiede außer acht, thematisiert jedoch zu Recht die Sorgen der Bürger und Aristokraten um die Haushaltsführung in der Republik und im eigenen Heim, das die niederländischen Schriftsteller als Mikrokosmos der gesamten Nation betrachteten.

Einige der ersten Gemälde und Drucke, die dieses Anliegen in Form von Genreszenen artikulierten, entstanden in Haarlem, obwohl auch die von der Anwesenheit David Vinckboons' (s. Abb. 45) inspirierten Amsterdamer Künstler ihren Beitrag zur Entwicklung der Familien- und Alltagsdarstellungen leisteten. Um 1620 schuf Willem Buytewech (1591/92–1624) die ersten Arbeiten zum Thema phantasievoll gekleideter junger Menschen, die trinken, musizieren und flirten (Abb. 88). Ganz typisch ist ein Werk, das zu Beginn der 20er Jahre, nach der Rückkehr des Künstlers in seine Heimatstadt Rotterdam, entstand: Eine farbenprächtig gekleidete Gruppe von vier Männern und zwei Frauen ist in einem engen Raum zusammengekommen, um sich an Musik, Wein und Austern, dem berüchtigten Aphrodisiakum, zu erfreuen; anstatt jedoch als Protagonisten einer eindeutigen Geschichte aufzutreten, bringen die Figuren eher Fröhlichkeit, Prahlerei und eine erotische Atmosphäre zum Ausdruck. Drucke nach solchen Darstellungen tragen manchmal leicht moralisierende oder ironische Inschriften über die trägen, neureichen Kinder einer hart arbeitenden Generation, die die elterlichen Ersparnisse verprassen; es läßt sich jedoch nicht mit Sicherheit feststellen, ob diese Bilder ausgelassenen Feierns bei allen Betrachtern die gleiche kritische Reaktion hervorriefen. Derartige Darstellungen fröhlicher Gesellschaften ermöglichten es den Malern darüber hinaus, die neuesten Moden und Rituale etwa in der Konversation und bei der Brautwerbung zu dokumentieren, und sie zwangen den Betrachter, selbst über die

89 Pieter de Jode nach einem Entwurf von **Adriaen van de Venne.** *Die Lebensalter.* Gestochenes Titelblatt für Jacob Cats, *Houwelick (Ehe)*, 1625. 19 x 17 cm. Privatbesitz

Schicklichkeit jeder Szene zu entscheiden. In Buytewechs Gemälde wird die Modernität der Gruppendarstellung noch durch das große Landschaftsbild betont, das an die innovativen Arbeiten seiner Künstlerkollegen in Haarlem erinnert. Auf ein ironisches Moment in seinen Bildern verweist auch Buytewechs alter Spitzname ›der witzige Willem‹, der auf einen humorvollen Zug in seinen Arbeiten schließen läßt.

Die meisten niederländischen Genredarstellungen, die zu Buytewechs Zeiten und später entstanden, unterstützten die Herausbildung von Idealen des Werbens, der Ehe, des Familienlebens und der Haushaltsführung und kritisierten sie zuweilen. Solche positiven, negativen oder zweideutigen Beispiele lassen sich am besten im Kontext der umfangreichen Literatur über die häusliche Moral verstehen. Der produktivste und populärste Schriftsteller zum Thema Ehe und Familie war Jacob Cats (1577–1660), der sich in Middelburg und Den Haag in den höchsten gesellschaftlichen Kreisen bewegte. Seine voluminösen Bücher in einfachen Versen, die zu einem Großteil mit Kupferstichen von Adriaen van de Venne illustriert sind, erreichten schon zu seinen Lebzeiten viele Auflagen, und sie gehörten bis ins 19. Jahrhundert zum Standardsortiment der Buchhändler. Sein Werk *Houwelick (Ehe)*, das 1625 erschien, war zweifellos deshalb das beliebteste, weil es Vorstellungen und Werte vertrat, die die Mehrheit des lesenden und zuhörenden Publikums in den Niederlanden teilte. Ein zeitgenössischer Verleger schätzte, daß um die Mitte des Jahrhunderts 50000 Exemplare dieses Buches verkauft worden seien, eine Zahl, die es zu jener Zeit zu einem absoluten Bestseller machte. Das Titelblatt der ersten Auflage aus der Feder van de Vennes gibt präzise Hinweise auf den Inhalt des Werkes (Abb. 89); um die Titelkartusche gruppierte Vignetten zeigen die Gliederung in sechs Teile, von denen jeder einer Phase im Leben der Frau gewidmet ist, von der ›Jungfrau‹, unten links, die von einer älteren Frau beraten wird, über die ›Liebste‹, die ›Braut‹ und die ›Hausfrau‹ mit ihrem Ehemann zur ›Mutter‹ mit drei Kindern und schließlich zur ›Witwe‹. Die Personen schreiten über eine Art Hügel, durch den das Leben mit einer Treppe gleichgesetzt wird, die steil nach oben zur Ehe, dem Höhepunkt

der Existenz, und dann abwärts in den Tod führt. Das Inhaltsverzeichnis verrät, daß sich Cats ausdrücklich an Frauen wendet, obwohl seine Vorstellungen von einer idealen Weiblichkeit auch für die Männer Folgen hatten. Das Titelblatt erläutert, daß sich die Abhandlung auch mit den »Mannelicke Tegen-Plichten« befaßt, den entsprechenden Gegenleistungen der Männer.

Wie in den meisten Kulturen war es die wichtigste Aufgabe einer Frau, Kinder zu gebären und aufzuziehen. Im allgemeinen waren die Eltern aus emotionalen und – vor allem dann, wenn es ein Sohn war – wirtschaftlichen Gründen stolz und glücklich über die Geburt eines Kindes; häufig übernahm der Sohn das Geschäft oder die Firma des Vaters, erbte den Familienbesitz und ließ den Namen fortbestehen. Die wirtschaftlichen und gesellschaftlichen Vorteile der Ehe machten die Monogamie unbedingt erforderlich.

Ein Gemälde Jan Steens aus dem Jahr 1664 zeigt eine Gruppe von Besuchern an einem Wochenbett, wobei die lebhafte Unterhaltung, das Gelächter und das Trinken ebenso wie die hellen Farben auf eine ausgelassene Stimmung hindeuten (Abb. 90). Die meisten Gäste sind Frauen; Männer, auch der Vater, wurden bei solchen Ereignissen als überflüssig betrachtet und waren besten-

90 Jan Steen. *Die Geburtsfeier,* 1664. Öl auf Leinwand, 89 x 109 cm. London, Wallace Collection

Dieses Gemälde trug auch den Titel *Der Klatsch*, die traditionelle Bezeichnung für solche Feiern, die darauf anspielt, daß die Gäste, hier sind die meisten Frauen, bei diesem Anlaß Gelegenheit hatten, untereinander die neuesten Gerüchte auszutauschen.

91 Matthijs Naiveu. *Der Besuch am Wochenbett,* um 1700. Öl auf Leinwand, 70,5 x 86,3 cm. Leiden, Stedelijk Museum de Lakenhal

falls zugelassen, um das Geld für die Feier herauszugeben. Der bejahrte Vater in Steens Gemälde hält das Kind ungeschickt, während er in seiner Börse nach weiteren Geldstücken kramt. Er hat allen Grund, sich unwohl zu fühlen, denn ein junger Mann albert mit zwei Fingern hinter seinem Kopf herum und macht so deutlich, daß ihm Hörner aufgesetzt wurden, er aber wohl nicht weiß, daß das Kind nicht das seine ist. Diese deutliche Anspielung steht in Einklang mit satirischen Erzählungen, die darüber spotten, daß solche Geburtsfeiern alten Frauen und jungen Mädchen eine willkommene Gelegenheit boten, um über diverse Affären anderer Leute zu klatschen. Obwohl Steens Interieur für eine Familie der Mittelschicht recht modern ist, wirkt seine feiernde Runde für diese Zeit altmodisch und um der Komik willen völlig überzeichnet.

Steens chaotische Komposition verkehrt jene Darstellungen in ihr Gegenteil, die ›schickliche‹ Besuche am Wochenbett schildern, wie etwa die Gemälde Matthijs Naiveus (1647–1726). In seinem harmonisch aufgebauten, makellos sauberen Raum plaudert ein modisch gekleideter Vater mit einer eleganten Besucherin, der das Kind von der im Bett ruhenden Mutter in den Arm gelegt wird (Abb. 91). An der Vaterschaft des Mannes besteht kein Zweifel. In einem Milieu, in dem man sich so kostbare Gemälde wie die von

Steen oder Naiveu leisten konnte, spielten sich die Besuche am Wochenbett wohl eher so wie in diesem Bild ab.

Die Eltern waren verantwortlich für eine christliche Erziehung ihrer Kinder. Nach kalvinistischer Vorstellung gehörten dazu das gemeinsame Lesen der Bibel wie auch das Studium der erläuternden Kommentare zur Heiligen Schrift; auch das Beten war mit eingeschlossen, vor allem das Dankgebet bei jeder Mahlzeit, die der greifbare Beweis für Gottes Wohlwollen war. Adriaen van Ostades (1610–1685) Kupferstich mit betenden Bauern (Abb. 92) betont das positive Beispiel der Eltern für die beiden Kinder und die Dankbarkeit der Familie für ein bescheidenes Mahl; die Bauernfamilie bildet eine vorbildliche, von Harmonie geprägte kleine Einheit, das genaue Gegenteil des Durcheinanders von Generationen und verschiedenen Figuren, die Steens in Auflösung befindliche Haushalte der bürgerlichen Mittelschicht bevölkern (s. Abb. 3). Die Prediger mahnten die Familienoberhäupter, ihren Haushalt unter Kontrolle zu behalten und keine destabilisierenden Einflüsse von außen zuzulassen, vor allem keine jungen Männer und Dienstboten von fragwürdiger Reputation. Van Ostades Bauern

92 Adriaen van Ostade.
Das Gebet vor der Mahlzeit,
1653. Kupferstich,
15,2 x 12,7 cm. London,
British Museum

93 **Nicolaes Maes.** *Die gescholtene Magd,* 1655. Öl auf Holz, 46,3 x 72,2 cm. London, Harold Samuel Collection

Maes hatte sich die warme Farbpalette und die raffinierte Licht- und Schattensetzung in Rembrandts Atelier angeeignet, das er 1653 verließ, um in seine Heimatstadt Dordrecht zurückzukehren. Der illusionistische Vorhang und der Rahmen spielen auf die antike Anekdote über Parrhasios an, der seinen Malerkollegen Zeuxis hinters Licht führte, indem er einen täuschend echten, scheinbar über ein Gemälde gehängten Vorhang malte. Im 17. Jahrhundert wurden Bilder tatsächlich häufig durch Vorhänge geschützt.

verkörpern das Ideal einer intimen, familiären Gemeinschaft, die sich eng um den Tisch schart und einen Zusammenhalt dokumentiert, der seine bildliche Entsprechung in der engen Umschließung durch die Bildränder findet. Dieses Bild des verehrungswürdigen Bauern scheint den satirischen Darstellungen vom ›rustikalen‹ Landleben zu widersprechen (s. Abb. 57). Dieser Unterschied läßt sich jedoch zum Teil mit einer Veränderung der gesellschaftlichen Wertschätzung der Bauern erklären, die sich im Verlauf des 17. Jahrhunderts vollzog. Um die Mitte des Jahrhunderts waren die Texte, die ihre schlichten Tugenden priesen, ebenso zahlreich wie die boshaften Beschreibungen, die ihre primitiven Vergnügungen verspotteten. In den Augen der rührigen Städter führten die Bauern ein unbeschwertes Leben, dessen einziges Ziel es war, einfachste physische Bedürfnisse zu befriedigen. So betrachtet, ist das Bild des tugendhaften Bauern ebenso stereotyp wie das der komischen Figur: Er stellt lediglich das brave Pendant zu seinem raufllustigen Bruder dar. Die traditionelle Unterscheidung zwischen Stadt und Land und zwischen den Gesellschaftsschichten war auch bei den wohlwollenden Bauerndarstellungen nach wie vor präsent.

Häufiger als bäuerliche Behausungen zeigen die Genrebilder einen ordentlich geführten Haushalt bei einer wohlhabenden städtischen Bürgerfamilie. Die harmonischen Interieurs von Pieter de Hooch und Jan Vermeer präsentieren das Haus als makelloses Heim für Frauen und Kinder (s. Abb. 5, 21). Belehrende Traktate mahnten die Hausfrauen, darauf zu achten, daß das Hauspersonal

den gegebenen Anweisungen auch Folge leistete und ein moralisch einwandfreies Leben führte. Die Dienstboten lebten häufig mit im Haushalt, und diese Tatsache sorgte für zahllose Klatschgeschichten über ihre Faulheit, ihr diebisches Wesen und ihre ausschweifende Promiskuität. Ähnlich wie die Hebammen in ihrem unklaren Verhältnis zum Haushalt wurden auch die Bediensteten angeblich wie auch tatsächlich zu destabilisierenden Faktoren innerhalb der Familie. In mehreren Gemälden schildert Nicolaes Maes (1634–1693) die Beziehung zwischen der Herrin und den Dienstboten; so zeigt er etwa die Hausfrau, wie sie eine Magd beim Schlafen erwischt, oder, noch verdammenswerter, wie die Magd heimlich die Familie belauscht. In dem anspielungsreichen Gemälde aus dem Jahr 1655 (Abb. 93) lächelt eine Dienerin dem Betrachter verschmitzt zu, während sie nach oben zeigt, und macht ihn so zum Komplizen beim Lauschen auf eine schimpfende Herrin; der Maler hat jedoch das Objekt des Zorns der Herrin hinter einem halb geöffneten Vorhang verborgen, das Geschehen dort bleibt rätselhaft. Links dagegen sieht man umgefallene Gegenstände, um die sich niemand kümmert. Maes ›enthüllt‹ so regelrecht einen schlecht geführten Haushalt: Die Dienerin verbringt mehr Zeit mit Lauschen als mit der Arbeit, und die Herrin ist nicht in der Lage, häusliche Harmonie herzustellen.

94 Caspar Netscher. *Die Spitzenklöpplerin,* 1662. Öl auf Leinwand, 33 x 24 cm. London, Wallace Collection

Die scheinbar aus Unachtsamkeit auf dem Boden liegengebliebenen Muschelschalen verweisen auf den besonderen Wirkungskreis der Frau: Die Muschel ist – wie die gute Hausfrau – stets in ihrem Heim zu finden.

Spinnen, Nähen und Spitzenklöppeln galten nicht nur als unabdingbare weibliche Fähigkeiten der Hausfrau und der Mägde, in der Republik nutzten vielmehr auch viele Frauen diese Fertigkeiten, um die Haushaltskasse aufzubessern, indem sie das zu Hause gesponnene Garn, den Stoff oder die Spitzen weiterverkauften. Zeitweise bildeten Frauen sogar – sehr ungewöhnlich innerhalb des männlichen Zunftsystems – eigene Zünfte für Textilarbeiterinnen. Die beeindruckendste Schilderung dieser Art von Heimarbeit ist vielleicht *Die Spitzenklöpplerin* von Caspar Netscher (1639–1684; Abb. 94). Man sieht sie im Viertelprofil von der Seite, fast von hinten, und ihre stille, konzentrierte Gestalt hebt sich von der weißen Wand ab. Die bestickte Haube mit den verschränkten Händen unter einem Vogel verrät, daß sie entweder eine verheiratete Frau ist oder, ganz wörtlich, sich mit dem Gedanken an eine Ehe trägt; ein ähnliches Emblem für die Ehe zeigt die Titelseite von Cats' Buch *Houwelick* (s. Abb. 89). Der Besen soll daran erinnern, daß sie für die Sauberkeit ihres Heimes verantwortlich ist.

Die weibliche Sphäre des Hauses, wie sie sich in Bildern und Schriften, aber auch im wirklichen Leben präsentierte, hatte ihre

95 Nicolaes Knupfer. *Bordellszene,* um 1630. Öl auf Holz, 60 x 74 cm. Amsterdam, Rijksmuseum

96 Adriaen van der Werff. *Spielende Kinder vor einer Herakles-Gruppe,* 1687. Öl auf Holz, 46,8 x 35 cm. München, Alte Pinakothek

Laut einer zeitgenössischen Biographie liebte van der Werff es, »Satinkleider nach der modernen Manier (wie der von Terborch)« darzustellen. Die Kleider der Kinder im Vordergrund verdanken in der Tat einiges Terborchs Meisterschaft bei der Wiedergabe von Satin (s. Abb. 33).

Entsprechung im männlich definierten öffentlichen Raum. Obwohl Frauen auch außerhalb des Hauses gezeigt werden, etwa beim Einkaufen auf dem Markt oder beim Spiel in italianisierenden Schäferidyllen, waren die ›ernsthaften‹ Angelegenheiten wie die Welt der Finanzen, die Politik, die Geschäfte ebenso wie das Predigen oder die Landwirtschaft eine reine Männerdomäne, sowohl in der Welt der Bilder als auch im wirklichen Leben. Werden Männer im Privatleben dargestellt, sind sie fast immer noch mit der Welt außerhalb des Hauses beschäftigt, mit dem Studium von Texten, dem Durchsehen ihrer Rechnungsbücher oder dem Verfassen einer Predigt. Typisch hierfür ist, daß Rembrandt den berühmten Regenten Jan Six mit Mantel und Handschuhen darstellte, als wolle er gerade das Haus verlassen (s. Abb. 28).

Das öffentliche Leben bestand selbstverständlich nicht nur aus Geschäften und Politik, sondern umfaßte auch Bereiche, die das genaue Gegenteil der häuslichen Idylle waren: Wirtshäuser, Spielhöllen und vor allem Bordelle. Auf diesen Tummelplätzen des männlichen Vergnügens finden sich auch Frauen – die Rolle, die sie dort spielen, macht jedoch deutlich, daß sie nicht über die Qualitäten und Attribute einer guten Hausfrau wie Zurückhaltung und sittsame Bekleidung verfügen. Trotz des blühenden Geschäfts

mit der käuflichen Liebe scheint die Darstellung echter Bordellszenen fast immer tabu gewesen zu sein. In den 30er Jahren malte Nicolaes Knupfer (um 1603–1655) eines dieser seltenen Bilder, einen Raum voller herumalbernder Männer und ausgelassener Frauen (Abb. 95), ein Gemälde, das die Beschreibungen aus *'t Amsterdams Hoerdom*, einem 1684 erschienenen satirischen ›Führer‹ durch die Amsterdamer Bordellszene, vorwegzunehmen scheint.

Die bildlichen und literarischen Darstellungen des Trinkens dagegen waren zumeist mehrdeutig. Pieter de Hoochs Zusammenkunft einiger Männer und Frauen scheint zwar in einem Privathaus stattzufinden (s. Abb. 54), aber die Bekleidung des Mannes mit all den Troddeln und Federn wirkt etwas befremdlich. Es ist noch zu früh am Tage, um sich müßig zum Trinken und Rauchen niederzulassen; andererseits aber weisen die wenigen Gläser und die intime Stille darauf hin, daß es sich um maßvollen Genuß handelt, ein immer wieder beschworenes Ideal des 17. Jahrhunderts. Die Prediger rieten zum mäßigen Genuß von Wein und anderen sinnlichen Freuden, denn man hielt solche kleinen Annehmlichkeiten nicht für unvereinbar mit einer christlichen Lebensführung. De Hoochs Gemälde scheint dieses Ideal eines goldenen Mittelweges zu suchen.

97 Jan Miense Molenaer. *Schulstube mit dem Porträt einer Familie,* 1634. Öl auf Holz, 49,5 x 86 cm. Kassel, Staatliche Museen, Gemäldegalerie Alte Meister (Leihgabe)

Das Thema von de Hoochs Bild im Bild ist bezeichnend, denn die gebildeten niederländischen Bürger waren fest überzeugt von der Notwendigkeit eines guten religiösen, geistigen und moralischen Rüstzeugs für ein späteres rechtschaffenes Leben. Adriaen van der Werff (1659–1722) hat diesen Gedanken mit einer meisterhaft gemalten Allegorie über die Kindererziehung ins Bild gesetzt (Abb. 96). Im Vordergrund spielen zwei Jungen und ein Mädchen mit einer Katze, einem Vogel im Käfig und einer Schildkröte – im damaligen Weltverständnis eitle Vergnügungen von fragwürdigem Wert. Ihr sinnloses Zeitvergeuden steht im Gegensatz zum Fleiß der Jungen hinter ihnen, die in einer schlichten Tracht wiedergegeben sind. Einer der Jungen, der den Arm um ein anderes Kind gelegt hat, gebietet Ruhe. Links betrachten drei Studenten eine klassische Büste, während auf der rechten Seite eine junge Frau mit Zeichnen beschäftigt ist. Diese einander gegenübergestellten Gruppen müßiger und fleißiger Kinder befinden sich am Fuße einer hoch aufragenden klassischen Skulptur des griechischen Helden Herakles, der hier die Personifikation des

Neides überwältigt. Van der Werff betrachtet in dieser Arbeit die Elemente der Malerausbildung – das Studium der antiken Skulptur und das Zeichnen – als Sinnbilder der Erziehung im weitesten Sinne und stellt zugleich seine eigene erfolgreiche malerische Ausbildung unter Beweis.

Das Gemälde eines Klassenzimmers, das Jan Miense Molenaer (um 1610–1668) im Jahre 1634 ausführte, nähert sich dem Thema unter einem allgemeineren Gesichtspunkt, denn er verzichtet zugunsten einer Gegenüberstellung von ironisch-satirischer und ernsthafter Darstellungsweise auf die allegorische Bildsprache van der Werffs (Abb. 97). Möglicherweise hat der Künstler hier eine tatsächlich existierende Familie porträtiert, deren Status als rechtschaffene Bürger gerade angesichts des sie umgebenden Chaos besonders hervortritt. Eine solches Darstellungsweise mag dem modernen Betrachter selbstgerecht erscheinen, aber sie war bei Porträts sehr gebräuchlich.

5. Kapitel

Das Porträt und die Identität des einzelnen und der Gemeinschaft

Im 17. Jahrhundert war das Porträt – im Sinne eines wirklichkeitsnahen Bildnisses einer bestimmten Person zu einem festgelegten Zeitpunkt – ein noch junges Genre. Die seit dem 14. Jahrhundert stetig wachsende Bedeutung der Porträtmalerei in Europa hing mit dem zunehmenden Interesse der gebildeten Gesellschaftsschichten an der menschlichen Persönlichkeit, an der Erfassung der Individualität einer Person zusammen. Diese Malerei dokumentierte und förderte die Entwicklung der Vorstellung von einer persönlichen Identität, wie sie sich aus Faktoren wie Geschlecht, Familienstand, Gesellschaftsschicht, Verwandtschaftsverhältnisse, Beruf oder Herkunft ergab. Diese Liste macht deutlich, daß die persönliche Identität eines Menschen zum größten Teil von seinen Beziehungen zu bestimmten Personengruppen abhing.

Die Zeitgenossen erwähnten die identitätsbildende Funktion der Porträts nicht ausdrücklich. Sie gaben Bildnisse in Auftrag, weil mit ihnen geliebte Menschen anwesend sein konnten, auch wenn sie real weit fort waren, und weil die Bilder nach ihrem Tod die Erinnerung an sie wachhielten. Porträts, die zu speziellen Gelegenheiten entstanden, beispielsweise Hochzeiten, konnten die Verbindung der beiden Menschen für das Paar selbst, ihre Familien und Besucher für alle Zeiten dokumentieren und auch kommentieren. Die meisten Bildnisse wurden für eine mehr oder weniger öffentliche Präsentation geschaffen und boten den Dargestellten – seien es Privatpersonen, Amtsträger oder Geschäftsleute – damit die Möglichkeit, sich im Besitz eben jener Eigenschaften zu zeigen, die ihren sozialen Rollen angemessen waren. Dies soll nicht heißen, daß die Porträts unaufrichtig waren – obwohl man sie unter modernen Gesichtspunkten so bezeichnen könnte, denn auch ein Lebemann konnte sich als treusorgender Familienvater abbilden lassen. Durch ihren gestellten und theatralischen Charakter halfen die Porträts sowohl dem Betrachter als auch der wiedergegebenen Person, eine Idealvorstellung von einer Persönlichkeit im privaten oder öffentlichen Umkreis zu formen.

98 Jan de Bray. *Das Festmahl von Antonius und Kleopatra (Die Familie de Bray),* 1669. Öl auf Leinwand, 230 x 180 cm. Manchester, New Hampshire, Currier Gallery of Art

Geschlecht, Liebe und Status in Ehe- und Familienbildnissen

Im 16. Jahrhundert hielt man sich an die allgemeine Übereinkunft, daß nur Aristokraten es wert waren, porträtiert zu werden. Die Zugehörigkeit zum Adel beruhte im allgemeinen auf einem erblichen Titel, der von Generation zu Generation weitergegeben wurde und von dem man glaubte, daß er die Tugend im wahrsten Sinne des Wortes verkörperte. Ansprüche auf einen Adelstitel konnten sich aber auch von Verdiensten um das Vaterland oder außergewöhnlichen künstlerischen oder intellektuellen Leistungen herleiten; tatsächlich zeigen die meisten Renaissanceporträts Könige, Adelige sowie berühmte Minister und Künstler. Zur Zeit der Republik blieb die Zugehörigkeit zum Geburtsadel und das Wirken zum Wohle des Gemeinwesens sicherlich einer der wichtigsten Beweggründe für die Schaffung eines Porträts; dies zeigen etwa die vielen Bildnisse des Statthalters und seines Gefolges von den Hofmalern Michiel van Miereveld und Gerard van Honthorst (s. Abb. 10, 17). Da sich jedoch zahllose niederländische Bildnisse erhalten haben, liegt die Vermutung nahe, daß die Porträtkunst auch breiteren Bevölkerungsgruppen zugänglich war. Diese Bilder verdeutlichen noch immer die Vornehmheit der Dargestellten, jedoch nach anderen, offensichtlich persönlichen Maßstäben, indem sie ›innere‹ Qualitäten wie Intelligenz, Zielstrebigkeit oder die Fähigkeit, eine auf Liebe beruhende Ehe zu führen, zum Ausdruck bringen.

Zu vielen Porträts von achtbaren Bürgern gehörte ein Pendant, ein weiteres Bildnis, das den Ehemann oder die Frau des Darge-

Unten links:
99 Jan Cornelisz. Verspronck. *Bildnis eines Mannes,* 1641. Öl auf Leinwand, 81,3 x 66 cm. Enschede, Rijksmuseum Twenthe

Unten rechts:
100 Jan Cornelisz. Verspronck. *Bildnis einer Frau,* 1640. Öl auf Leinwand, 81,3 x 66 cm. Enschede, Rijksmuseum Twenthe

stellten zeigte. Solche Bilder von Ehepaaren sicherten den Lebensunterhalt von Porträtmalern wie Jan Cornelisz. Verspronck (um 1606/11–1662); zwei exzellent ausgeführte Bildnisse von seiner Hand, die ein nicht näher identifizierbares Paar zeigen, sind typisch für dieses umfangreiche Genre (Abb. 99, 100). Selbst derartige scheinbar unmittelbar nach dem Leben gemalte Bilder beruhten auf klaren Vorgaben. Ursprünglich hingen solche Gemälde einander gegenüber, vielleicht links und rechts eines Kamins. Fast ausnahmslos hing das Bildnis der Frau rechts und das des Mannes links; aus der Perspektive der Dargestellten befand sich die Frau traditionell auf der ›sinistren‹ (d.h. linken oder weniger wichtigen) Seite des Mannes, in Übereinstimmung mit den theologischen und gesellschaftlichen Konventionen, welche die ›dexter‹ (rechte) Seite bevorzugten. Dieses ungeschriebene Gesetz entsprach der damaligen Auffassung der Ehe als einer auf Zuneigung gegründeten, aber vom Mann geführten Partnerschaft.

Die Bekleidung des Paares weist nur wenige, dezente Farben auf, aber sie ist aus ungewöhnlich kostbaren Stoffen gefertigt und wirkt für das Jahr 1640 sehr modern. Die Körper der beiden sind einander zugewandt, so daß das sich spiegelbildlich wiederholende Dreieck ihres Umrisses den harmonischen Einklang ihrer Beziehung betont. Die Kontur der Frau wirkt jedoch durch den Fächer auf ihrem Schoß, den sie locker umfaßt, geschlossener; die Pose des Mannes ist dynamischer. Seine Linke hält einen Handschuh, während die Rechte in die Seite gestützt ist, so daß sein rechter Ellbogen auf den Betrachter weist. Der Unterschied zwischen dem selbstbewußten Auftreten des Mannes und der gelassenen Zurückhaltung der Frau wäre nach allgemeinem gesellschaftlichen Konsens als sehr passend empfunden worden. Auch das Licht, das wie in den meisten niederländischen Gemälden von links kommt, betont auf subtile Weise diesen traditionellen Aktiv-passiv-Gegensatz zwischen den Partnern; es läßt die Züge des Mannes plastisch hervortreten, seine Nase und seine Augenbrauen werfen Schatten, während der direkte Lichteinfall das Gesicht der Frau glättet und weicher erscheinen läßt. Der Lederhandschuh und der Federfächer, belebende Elemente dieser Porträts, unterstreichen die Anpassung der Personen an die herrschenden sozialen Normen. Der Mann hat den Handschuh ausgezogen, als wolle er dem Betrachter die Hand schütteln, während die Frau den Fächer in zurückhaltender Erwartung nach unten hält.

Diese subtile Komposition des Gemäldes läßt die beiden unbekannten Menschen wie ein wohlhabendes, aber vornehm-zurückhaltendes Ehepaar erscheinen, das in mühelosem Einverständnis agiert, weil jeder seinen angestammten Platz in der Gesellschaft einnimmt. Die Porträts präsentieren sie als angesehene Bürger, die nach dem Ideal der selbstauferlegten Mäßigung leben; die Konventionen, die diesen Eindruck hervorbringen, waren so internalisiert, daß das Auftreten natürlich wirkt, und es ist gerade diese offensichtliche Selbstverständlichkeit, die den Reiz solcher Bildnisse ausmacht.

101 Frans Hals. *Isaac Massa und Beatrix van der Laen,* 1622.
Öl auf Leinwand, 140 x 160 cm. Amsterdam, Rijksmuseum

Während sich die meisten porträtierten Paare so würdevoll wie bei Verspronck geben, verlangten einige nach einer lebendigeren Ausdrucksweise. Der progressivste Porträtmaler neben Rembrandt war Frans Hals, Versproncks Haarlemer Künstlerkollege. Für sein Doppelporträt, das wohl Isaac Massa und Beatrix van der Laen darstellt und aus Anlaß ihrer Hochzeit 1622 gemalt wurde, gibt es in der niederländischen Malerei keine direkten Vorbilder (Abb. 101). Das Gemälde zeigt Unkonventionelles: Das Paar befindet sich im Freien, beide sind in ungezwungener Pose und als Ganzfiguren wiedergegeben, sie lächeln und lassen ihre gegenseitige Zuneigung deutlich erkennen. All dies mag bei modernen Fotos von Liebespaaren gängig sein, bedeutete aber bei niederländischen Porträts des 17. Jahrhunderts recht ungewöhnliche Züge. Hals kannte das Paar, möglicherweise hat er die Komposition gemeinsam mit den beiden entworfen. Massa war ein im Rußlandhandel erfolgreicher Kaufmann, Diplomat und Gelehrter. Sein weltoffenes Auftreten, ebenbürtig dem seiner Braut, der Tochter eines Regenten, hat den Maler vielleicht zur Ganzfigurendarstellung, dem Gartenambiente und der herzlichen Pose bewogen, wobei all diese Merkmale eher für flämische Porträts von Peter Paul Rubens (1577–1640) und seinem Kreis typisch sind. In diesem Bildnis finden sich zahlreiche symbolische Anspielungen auf die Ehe. So windet sich zwischen den Partnern eine Weinrebe um den Baum, ein metaphorischer Hinweis auf die gegenseitige Liebe und Treue, auf der eine Ehe aufbaut; der Efeu rechts neben der Frau hat eine vergleichbare Bedeutung. Durch die Haltung der Frau, die sich auf die Schulter des Mannes stützt, deutet Hals die erstrebenswerte Form der ehelichen Gemeinschaft an – auch die Weinrebe bedarf der Stabilität des Baumes. Das gleiche Bild findet sich auch neben dem verheirateten Paar auf der Titelseite von Jacob Cats' Abhandlung über die Ehe (s. Abb. 89).

Die naturalistische Wirkung dieser Anspielungen läßt an die beiläufigen Hinweise der Genredarstellungen denken. Ein gebildeter Betrachter konnte sich an der Vielzahl der veristischen Elemente erfreuen und sich Gedanken über ihre zusätzliche, mehr oder weniger banale Bedeutung machen, aber man würde es sich zu einfach machen, wenn man das Bild nur als symbolisches Puzzle sähe. Durch das großzügige Format und die positive Stimmung mit dem verliebten Paar und dem phantasievoll gestalteten Garten im Hintergrund vermittelt das Gemälde ein fast modern anmutendes Vertrauen in die auf Liebe begründete Ehe. Eine solche Atmosphäre ist in der Literatur des 17. Jahrhunderts durchaus geläufig, auch wenn fortwährend die Vorteile einer Verbindung gesellschaftlich und ökonomisch ebenbürtiger Partner beschworen wurden. Da Isaac Massa und Beatrix van der Laen diese Bedingungen erfüllten, konnten sie unbesorgt nach der malerischen Verewigung ihres Glücks verlangen – wie real es auch immer sein mochte.

Familienbilder finden sich seltener als Bildnisse von Ehepaaren, vielleicht weil sie teurer waren, denn der Preis für Porträts richtete sich zum Teil nach der Anzahl der Köpfe. Die Zahl der erhaltenen

Bilder ist dennoch beachtlich, und die künstlerische Variationsbreite ist um einiges größer als bei den Doppelporträts. Das zeigen etwa die zwei sehr unterschiedlichen Gemälde, in denen Jan Miense Molenaer einerseits Eltern und ihre wohlerzogenen Kinder einem Klassenzimmer voll tobender Schüler gegenüberstellt und andererseits mehrere zu einer Familie gehörende Generationen beim gemeinsamen Musizieren zeigt (s. Abb. 97, 4).

Die gleiche Funktion erfüllte auch ein großformatiges Porträt der Familie de Bray, auf dem die Angehörigen als Teilnehmer des legendären Festmahls von Antonius und Kleopatra dargestellt sind (Abb. 98); es wurde 1669 von Jan de Bray (um 1627–1697) geschaffen, dem Sproß einer Haarlemer Malerfamilie, dessen Selbstbildnis wir wahrscheinlich in dem Mann mit der Hellebarde auf der linken Seite sehen, während seine Eltern den römischen Feldherrn und die ägyptische Königin verkörpern. Das Fest fand aufgrund einer Wette Kleopatras statt, bei der sie behauptet hatte, daß sie mit einer einzigen Mahlzeit ein ungeheures Vermögen verzehren könne. Obwohl die Speisen einfach waren, gewann die Königin, indem sie eine riesige Perle in Essig auflöste und trank.

Angesichts der Tatsache, daß Jacob Cats und andere Autoren diese Geschichte bereits als Beispiel gewitzter, aber verdammenswerter Verschwendung getadelt hatten, mag de Brays Entscheidung, seine Familie in dieser Szene darzustellen, befremdlich erscheinen. In den meisten Familienporträts vermitteln Haltung, Gestik und Attribute der Personen den Eindruck von Harmonie, guter Erziehung und Zurückhaltung; vor allem von der Ehefrau und Mutter wurde mustergültige Tugendhaftigkeit erwartet. Die dekadente Gestalt der Kleopatra wirkt demgegenüber wie die Antithese zu einer bescheidenen, züchtigen und mütterlichen Frau. Obwohl ihr Bankett in der Tat ein einmaliges Thema in der Porträtmalerei geblieben ist, macht das Genre der Bildnisse in historischer Kostümierung, zu dem auch diese Darstellung zählt, lediglich die Theatralik aller Porträts deutlich, posiert doch der Dargestellte in sorgfältig ausgewählter Aufmachung und Kulisse. Das historische Porträt setzt einen Betrachter voraus, der mit den Traditionen der Malerei vertraut ist, und de Brays Malerfamilie wäre das ideale Publikum für ein solches Experiment gewesen.

Jan de Bray malte in den 50er Jahren des 17. Jahrhunderts, als noch alle Familienmitglieder lebten, eine erste Version dieses Bildes. Das Gemälde wurde später an den englischen König Karl II. verkauft, und de Bray muß die hier wiedergegebene Fassung geschaffen haben, um die Erinnerung an seine Eltern und die Geschwister zu bewahren, die zu jener Zeit bereits gestorben waren. Karl II. verstand die Komposition offenbar als Historiendarstellung, denn es ist unwahrscheinlich, daß ihn das Porträt einer Haarlemer Familie interessierte – als Kunstkenner hat er aber vielleicht de Brays Mischung aus Porträt und Historienbild geschätzt.

Eine besonders beliebte Spielart des historischen Porträts war die Pastorale; seit den frühen 20er Jahren verlangten vor allem Adelige danach, als Protagonisten italienischer oder niederländischer Schä-

102 Bartholomeus van der Helst. *Anna du Pire als Granida,* 1660. Öl auf Leinwand, 70 x 58,5 cm. Privatbesitz

Anna du Pire ist in der linken Bildhälfte zu sehen, ursprünglich gegenüber dem Porträt ihres Ehemannes, des Malers. Diese Umkehrung der konventionellen Gruppierung mag mit ihrem Status als Prinzessin in der Geschichte zu tun haben, der sie weit über den Schäfer hebt, in dessen Figur sich van der Helst selbst darstellt.

ferspiele dargestellt zu werden. Ein äußerst anziehendes Bildnis der Anna du Pire von Bartholomeus van der Helst (1613–1670) macht die besonderen Qualitäten dieser idyllischen Porträtmalerei deutlich (Abb. 102). Im Gegensatz zu Verspronck sittsam zugeknöpfter Familie in Schwarz und Weiß ist Anna du Pire in eine Wolke aus roter, blauer und weißer Seide gehüllt; auf dem Kopf trägt sie eine rote Federhaube. Ihr atemberaubendes Dekolleté läßt der Phantasie wenig Spielraum. Eine respektable Frau konnte sich

103 Willem van Aelst.
Jagdstilleben, um 1665.
Öl auf Leinwand,
65,5 x 52,7 cm. London,
Johnny van Haeften Ltd.

Das exquisite Blau des Samtes ist mit dem teuren, aus China importierten Pigment Lapislazuli erzielt worden, dessen Farbton beim Auftragen zu Ultramarinblau wird. Van Aelsts großzügiger Gebrauch dieser Farbe betont die Kostbarkeit des Arrangements und macht deutlich, daß es für einen wohlhabenden Auftraggeber geschaffen wurde. Die meisten niederländischen Maler verwendeten preiswertere, weniger farbstabile Blaupigmente.

nur aus zwingenden inhaltlichen Gründen in einer solchen Art und Weise darstellen lassen, und in der Tat sind entsprechende Andeutungen zu sehen: der Bogen, die Pfeile und die mit Wasser gefüllte Muschel. Ein Betrachter, der mit P. C. Hoofts berühmtem Theaterstück *Granida* (1615) vertraut war, hätte diese Details als Anspielungen auf die Titelheldin dieser Geschichte verstanden; eine Prinzessin, die sich auf der Jagd verirrt hat und der ein verliebter Schäfer eine Schale Wasser anbietet. Zu diesem Porträt existierte ein Pendant, das ihren Ehemann als Schäfer darstellte: Bartholomeus van der Helst selbst, der, inspiriert von dieser Geschichte, so ein romantisches Doppelbildnis schuf.

Bis in die 40er Jahre des 17. Jahrhunderts hinein waren elegante Porträts in heller, leuchtender Farbgebung, sei es als Pastorale oder in anderem Ambiente, vor allem die Domäne der Mitglieder des Statthalterhofes und anderer Adeliger. Im Gegensatz dazu ließen sich die städtischen Bürger in kostbarer, aber schlichter Aufmachung darstellen, um so auf einen Adel hinzuweisen, der auf inneren Werten beruhte. Nach der zeitweisen Auflösung des Hofes durch den Tod Wilhelms II. im Jahre 1650 übernahmen zum ersten Mal nichtadelige Führer vollständig die Regierungsgewalt der Republik, die soeben endgültig ihre Unabhängigkeit erlangt hatte. Sicherlich nicht zufällig begannen die Regenten seit jenem Zeitpunkt, die aufwendigen, ehemals dem Adel vorbehaltenen Porträttypen für sich zu entdecken; viele Bürger übernahmen die höfische Bildnisform, die Anthonis van Dyck (1599–1641) und sein Kreis in England und Flandern entwickelt hatte. Diese Porträts zeigen nicht nur eine beständig extravaganter werdende Gesellschaft aus Pensionären und reichen Finanziers, sondern spiegeln darüber hinaus den vollständigen Übergang der politischen Macht und der sie stützenden weltanschaulichen Grundlagen in die Hände der städtischen Regenten wider.

Noch vielsagender sind neue Themen, vor allem die Jagd, die ein erwachendes Interesse an den bevorzugten Vergnügungen des Adels erkennen lassen; diese waren gesetzlich genau geregelt und durch ein System von Vorschriften dem Adel und wichtigen Regenten vorbehalten. Der Markt für Jagdbilder war, vor allem in Amsterdam und Haarlem, so groß, daß sich Maler auf dieses Genre spezialisieren konnten.

In Amsterdam schuf Willem van Aelst (1626/27– nach 1683), der Hofmaler der Medici in Florenz gewesen war, seine großartigen Jagdstilleben; in mehreren von ihnen zeigte er das Motiv einer auf einem Marmorsims angeordneten, kunstvoll gearbeiteten Ausrüstung eines Jägers. Ein schönes Beispiel (Abb. 103) präsentiert eine Jagdtasche aus Samt mit einem Lederriemen, verziert mit goldfarbenen Stickereien und Fransen, sowie ein mit Quasten geschmücktes Horn. Darüber hängt die erlesene Beute: ein fettes Rebhuhn und drei kleine Wildvögel. Aber das Bild will auch geistige Nahrung anbieten. Die Marmorplatte wird von einem klassizistischen Relief getragen, auf dem das Bad der Diana, der antiken Göttin der Jagd, mit ihren Nymphen dargestellt ist. Der gebildete

104 Philips Wouwermans. *Hirschjagd in einem Fluß*, um 1650. Öl auf Leinwand, 130 x 190 cm. Raleigh, North Carolina Museum of Art

Betrachter des 17. Jahrhunderts kannte den Fortgang der Geschichte: Der Jäger Aktaion entdeckte die Göttin und weidete sich an ihrem Anblick. Zur Strafe verwandelte sie ihn in einen Hirsch – daran soll das Geweih neben der Nymphe auf der linken Seite erinnern –, und seine eigenen Hunde zerrissen ihn. Die Botschaft scheint doppeldeutig, denn sowohl der Jäger als auch der Sammler sind gefesselt von dem verbotenen, verführerischen Anblick, der Aktaions Sturz bewirkte. Van Aelst betonte die Lebensnähe der Szene durch die Fliege, die sich bereits auf dem toten Rebhuhn niedergelassen hat – ein Motiv, das auch als Erinnerung an die bevorstehende Verwesung des Vogels und die Fähigkeit der Kunst, diese auf ewig hinauszuschieben, gelesen werden kann.

Das ungewöhnlichste Objekt in van Aelsts Gemälde ist die rotbraune Falkenhaube; sie verweist auf eines der exklusivsten Privilegien des Adels, die Falknerei, die Jagd mit abgerichteten Greifvögeln. Philips Wouwermans (1619–1668) porträtierte mehrfach Damen in Jagdszenen, einen Falken oder Bussard auf der Hand haltend. Auch in seiner *Hirschjagd* (Abb. 104) ist ein Vorrecht der Aristokratie wiedergegeben: Selbst ihr war die Jagd auf Hirsche nur an einem einzigen Tag im Jahr gestattet. Die italianisierende, heitere Landschaft wirkt eher wie der Schauplatz einer Pastorale oder ein Traumland denn wie ein wildreiches Jagdgebiet, selbst wenn das verfallene Haus auf die Vergänglichkeit solcher Freuden verweist. Vor allem im 18. Jahrhundert zahlten niederländische, französische und englische Sammler aus dem Adel wie auch dem

Bürgertum hohe Preise für solche Bilder. Wouwermans muß zu seinen Lebzeiten ebenfalls außerordentlich gute Geschäfte gemacht haben, denn als er starb, war er so reich wie einige seiner Auftraggeber. Das Betrachten und Zurschaustellen von Jagdlandschaften und -stilleben muß ebensoviel zur Stärkung der persönlichen und gesellschaftlichen Identität beigetragen haben wie das Porträt. Zumindest einige der Sammler, die solche Bilder besaßen, haben wahrscheinlich niemals das Recht besessen, an tatsächlichen Jagden teilzunehmen.

Öffentliche und private Identität

Viele Menschen ließen sich nicht nur innerhalb des Familienkreises darstellen, sondern auch bei der Arbeit. Thomas de Keyser (1596/97–1667), vor der Ankunft Rembrandts der führende Amsterdamer Porträtist, malte Constantijn Huygens als Gelehrten und Diplomat, dem von seinem Sekretär ein Brief überreicht wird; die Szene spielt sich in Huygens' Arbeitszimmer ab, das mit kostbaren Handelsobjekten wie auch wissenschaftlichen Gerätschaften ausge-

105 Rembrandt Harmensz. van Rijn. *Der Prediger Cornelis Claesz. Anslo und Aeltje Gerritsdr. Schouten,* 1641. Öl auf Leinwand, 176 x 210 cm. Berlin-Dahlem, Gemäldegalerie

Die Identifizierung der Sitzenden als Anslos Ehefrau ist mehrfach angezweifelt worden. Mitglieder seiner Familie, in deren Besitz sich das Bild fast 150 Jahre lang befand, haben diese Zuschreibung jedoch schon früh bestätigt. Anslo war Prediger der Mennoniten, eine fromme, nicht hierarchisch organisierte kalvinistische Gemeinde, die keine geweihten Priester hatte.

stattet ist (s. Abb. 7). Huygens selbst schrieb zahlreiche Epigramme (kurze, geistreiche Gedichte) über Porträts, in denen er feststellte, daß die Künstler, obwohl die Malerei der Natur niemals gleichkommen könne, doch in der Lage seien, eine Person nahezu so wiederzugeben, als würde sie gerade sprechen. Lobeshymnen auf die Porträtmalerei, die eben diesen Aspekt hervorheben, finden sich im Laufe des 17. Jahrhunderts immer wieder in Gedichten über Porträts, vor allem in Beschreibungen von Bildnissen männlicher Personen, denn deren berufliche und private Identität beruhte häufig auf ihrer Fähigkeit, sich präzise auszudrücken. Bei Frauen hielt man Beredsamkeit für weniger wünschenswert und setzte sie häufig mit Klatschsucht und Geschwätzigkeit gleich. Die Porträts stellen Frauen gewöhnlich mit geschlossenem Mund und ohne die ausdrucksstarken Gesten der Männer dar.

Von allen Porträtisten, die Bildnisse von bedeutenden ›Männern des Wortes‹ schufen, waren Frans Hals und Rembrandt van Rijn die erfolgreichsten. Rembrandts Porträt des protestantischen Predigers Cornelis Anslo (1592–1646), der zu seiner Frau Aeltje Schouten (1598–1657) spricht, ist geradezu eine Verkörperung dieses Themas (Abb. 105). In größerem Maße als jeder andere Beruf war der des Predigers von dessen Überzeugungsgabe abhängig, und Anslo, der berühmt für seine Redegewandtheit war, scheint diese Aufgabe mühelos zu erfüllen. Fast die Hälfte des Gemäldes wird von der Bibel und den exegetischen Texten eingenommen, die die Grundlagen seines Glaubens und seiner Rede bilden. Wenn er predigt, benötigt er sie jedoch nicht – er beugt sich vom Tisch weg, um frei zu seiner Frau und einem imaginären Publikum zu sprechen, und streckt in einer rhetorischen Geste der Zuwendung seine linke Hand aus. Anslo spricht eine allgemeine Zuhörerschaft an; er beachtet weder seine Frau noch sonst jemanden besonders, wie von selbst scheint sich die Botschaft, die er verkünden will, zu Worten zu formen, die seinem geöffneten Mund entströmen. Seine Ehefrau vertritt die christliche Gemeinde, während sie mehr mit den Ohren als mit den Augen, die auf ihn gerichtet sind, seinen Worten lauscht.

Rembrandts fast lebensgroßes Gemälde aus dem Jahre 1641 muß ein beeindruckendes Bild von Anslos Beredsamkeit gezeichnet haben. Im gleichen Jahr publizierte er einen Kupferstich von Anslo, wie er allein, mit geschlossenem Mund, an seinem Tisch sitzt. Drei Jahre später erschien ein offensichtlich auf diesen Stich anspielender Vierzeiler von Joost van den Vondel, der mit Anslo verschwägert war:

Auf, Rembrandt, mal Cornelis' Stimme.
Der Rest von ihm wiegt wenig schwer:
Was unsichtbar, sieht man nur durch der Ohren Sinne.
Wer immer Anslo sehen will, der hör'.

Dieses Gedicht mag wenig schmeichelhaft für Rembrandt scheinen, aber es paßt in die Reihe der zeitgenössischen Gedichte über Porträts: Es spricht die Bewunderung für einen Prediger aus, dessen

106 Gerbrand van den Eeckhout. *Vier Vorsteher der Amsterdamer Küfer- und Böttcherzunft,* 1657. Öl auf Leinwand, 160 x 190 cm. London, National Gallery

Einer der dargestellten Vorsteher ist der Bruder des Malers, Jan van den Eeckhout, der Mitglied der Zunft war. Dieser Kontakt war für Gerbrand van den Eeckhout sehr vorteilhaft, denn die Zunft gab 1673, vier Jahre nach dem Tod seines Bruders, ein weiteres Gruppenporträt bei ihm in Auftrag.

Identität in seiner Beredsamkeit liegt, und es weiß um die Schwierigkeit, einen solchen Mann in einem sprachlosen Medium darzustellen. Aus Rembrandts hochbezahlten Darstellungen sprechender Personen wird deutlich, daß die Niederländer seine malerische Umsetzung öffentlicher Persönlichkeiten zu schätzen wußten.

Die berufliche Sphäre war ein Gegenstand allgemeinen Interesses, und viele einflußreiche Personen scheuten sich nicht, voller Stolz auf ihre Funktionen in den maßgeblichen Gremien ihrer Organisationen zu verweisen; zahlreiche Gruppen von Bürgern, die ein wichtiges Amt bekleideten, ließen sich entsprechend darstellen: etwa Vorsteher von Zünften, Hospitälern, Waisenhäusern oder die Prüfbeamten der Zünfte. Diese großformatigen Gruppenporträts waren für die jeweiligen Versammlungssäle bestimmt. Ihre Zahl und Vielfalt war einmalig in Europa, und in gewissem Sinne sind diese Werke eine säkulare Variante zur ehemaligen Praxis der Zünfte, große Altarbilder für Kapellen malen zu lassen.

1657 porträtierte Gerbrand van den Eeckhout (1621–1674), ein erfolgreicher Schüler Rembrandts, vier Vorsteher der Küfer- und Böttcherzunft (Abb. 106). Die vier würdevollen, gelassenen Männer, die mit gemessenen Gesten über ihre Rechnungsbücher sprechen, füllen das gesamte Bildfeld aus; zwei von ihnen blicken den Betrachter direkt an, auch der Hund, das traditionelle Symbol der Treue. An der Wand hinter ihnen hängt ein Gemälde mit der Darstellung ihres Schutzpatrons, des hl. Matthias, mit einer Axt, dem Wahrzeichen seines Martyriums und ihres Handwerks. Weitere Küferwerkzeuge schmücken den Rahmen des Bildes, aber diese Anspielungen überfrachten das Bildnis nicht. Die Lebensähnlichkeit dieser Bürger aus Fleisch und Blut wirkt vertrauenerweckend. Für einen Augenblick unterbrechen sie ihre Unterhaltung, um den Betrachter anzuschauen, während einer einen Finger auf die Stelle im Buch legt, an der er unterbrochen wurde. Ihre differenzierten Gesichtszüge machen ihre Individualität deutlich, die überdies in einem Dokument mit ihren Namen festgehalten ist, das auf dem Tisch liegt. Es mutet wie Ironie an, daß man den einzelnen Personen die Namen nicht mehr zuordnen kann, und es ist vor allem der Eindruck einer kollektiven Identität, an den man sich erinnert. Diese Männer scheinen sich der Bedeutung ihrer Verantwortung bewußt zu sein.

Besonders häufig wurden Gruppenporträts von Offizieren der Bürgerwehren in Auftrag gegeben. Diese Organisationen, die ihren Ursprung im 15. Jahrhundert hatten, setzten sich aus männlichen, von Angehörigen der städtischen Führungsschicht befehligten Mitgliedern zusammen, die in den Städten patrouillierten und diese auch verteidigten. Aus diesem Grund wurde ihnen das Recht zugestanden, Feuerwaffen zu tragen. Alle Männer, die den Mitgliedsbeitrag aufbringen konnten, leisteten ihren Dienst in diesen städtischen Wachtruppen. Im 17. Jahrhundert wurden die Bürgerwehren bei Gefahr noch immer mobilisiert, aber sie leisteten nur noch selten echten Militärdienst; vielmehr erfüllten sie vorrangig wichtige soziale Aufgaben in den einzelnen Wohnvierteln. Man traf sich in Versammlungssälen, von denen die meisten mit Porträts und Insignien geschmückt waren, die an die Geschichte der Truppe und ihre Privilegien erinnerten. Wenn Honoratioren eine Stadt besuchten, marschierten die einzelnen Abteilungen, um den Feierlichkeiten Glanz zu verleihen und die Macht der Stadt zu demonstrieren. Bankette, Schießübungen und andere Aktivitäten verstärkten den Zusammenhalt der Gruppe, und nicht zuletzt dienten die Versammlungssäle auch als Börse für den Austausch interessanter Neuigkeiten. Die Porträts dieser Bürgerwehrkompanien, d.h. vor allem ihrer Offiziere, unterscheiden sich von den Bildnissen der Zunftvorsteher, denn ihre Mitglieder übten die verschiedensten ehrbaren Berufe aus. Obwohl sie mit den Gruppenbildnissen der Zunftvorsteher bestimmte Gemeinsamkeiten aufweisen – beide zeigen die Dargestellten als vertrauenswürdig und geeint durch gemeinsame Traditionen –, waren die Porträts der Bürgerwehren doch zumeist festlicher, fast pompös, was mit ihrer Rolle bei Militäreinsätzen und Festlichkeiten in Einklang stand.

Der Haarlemer Maler Frans Hals war wohlhabend genug, um in der St.-Georgs-Bürgerwehr zu dienen. Diese Mitgliedschaft verschaffte ihm wahrscheinlich zum ersten Mal den Auftrag, die Offiziere der Truppe zu malen, eine Ehre und gleichzeitig ein finanzieller Segen, den die städtischen Bürgerwehren ihm noch viermal zuteil werden lassen sollten. Die Gründe für diese Bevorzugung sind leicht einzusehen. Obwohl es derartige Gruppenporträts bereits seit etwa einem Jahrhundert gab, gelang es Hals bei seinem ersten Versuch in diesem Genre, ihm eine neue Lebendigkeit zu verleihen. In seinem *Bankett der Offiziere der Bürgerwehrkompanie St.Georg zu Haarlem* aus dem Jahr 1616 (Abb. 107) haben sich die Offiziere um eine Tafel versammelt; sie sind zum traditionellen Abschiedsessen für die Mitglieder zusammengekommen, die 1615 gerade ihre dreijährige Dienstzeit beendet haben. Solche Bankette waren im übrigen üppiger, als die erlesene, aber kleine Auswahl an gebratenem Fleisch, Oliven, Brot und Wein vermuten läßt. Das Motiv der gemeinsamen Mahlzeit – deren Teilnehmerzahl klein gehalten wurde, um den einzelnen Personen mehr Bedeutung zu geben – dient hier aber nicht der Dokumentation eines realen Festes, sondern soll die durch das gesellschaftliche Ritual gepflegte und gestärkte Harmonie symbolisieren. Die Offiziere erwecken den Eindruck, als würden sie ihre für einen Moment unterbrochenen Tätigkeiten sogleich fortsetzen. Am Kopfende des Tisches, als zweiter von links, erhebt der Kommandeur sein Glas, um einen Toast auszubringen, während sich in der Mitte der Hauptmann anschickt, feierlich den Braten anzuschneiden. Die drei Fahnenträger sind offensichtlich gerade eingetreten, um – wie es der Brauch verlangt – ihre Banner zu übergeben. Das Neuartige in Hals' Darstellungsweise sind nicht diese rituellen Details – sie finden sich bereits in älteren Gruppenporträts –, sondern ihre Integration in ein scheinbar naturalistisches Szenario.

Rembrandts größtes Gemälde, *Die Nachtwache* aus dem Jahr 1642, hält eine Amsterdamer Bürgerwehrkompanie in einem an-

107 Frans Hals. *Das Bankett der Offiziere der Bürgerwehrkompanie St.Georg zu Haarlem,* 1616. Öl auf Leinwand, 170 x 320 cm. Haarlem, Frans-Hals-Museum

108 Rembrandt Harmensz. van Rijn. *Die Nachtwache (Die Kompanie des Hauptmanns Frans Banning Cocq),* 1642. Öl auf Leinwand, 360 x 430 cm. Amsterdam, Rijksmuseum

Das Gemälde erhielt seinen Titel im 18. Jahrhundert, als die Nachtwache eine der letzten verbliebenen Aufgaben der Bürgerwehren war. Zu jener Zeit war der Firnis so weit nachgedunkelt, daß der Titel berechtigt erschien. Aber auch zu dem restaurierten Bild mit seinen tiefen, atmosphärischen Schatten paßt diese Bezeichnung sehr gut.

deren Moment fest: Soeben wird der Befehl erteilt, sich zu einem Zug zu formieren (Abb. 108). Sein Bild ist eines von sechs Gruppenporträts, die zwischen 1639 und 1645 entstanden und Bürgerwehren darstellten, die eine prächtige, kurz zuvor erweiterte Versammlungs- und Festhalle nutzten (s. Abb. 15). Die Ausstattung der Räumlichkeiten, die direkt gegenüber dem Schießstand gelegen waren, war der wichtigste öffentliche Auftrag in Amsterdam vor dem Bau des neuen Rathauses. Im Mittelpunkt der *Nachtwache* steht der Hauptmann Frans Banning Cocq (1605–1655); in seinem Familienalbum ist als Thema der Darstellung festgehalten: Der Hauptmann »befiehlt seinem Leutnant ..., seine Kompanie der Bürgerwehr in Marsch zu setzen«. In der Tat ist Banning Cocqs Mund geöffnet, und während er seine Hand in einer beredten Geste ausstreckt, fällt ihr Schatten bezeichnenderweise auf die im Licht hell erglänzende Uniform des Leutnants. Die beiden Männer gehen voran, und die Truppe schickt sich an, ihnen zu folgen. Bemerkenswert ist, daß sich der Titel in Banning Cocqs Album auf die augenblickliche Handlung der Männer,

nicht aber auf die Funktion des Bildes als Porträt bezieht. Die auffällig herausgestellte Hierarchie der Dargestellten sowie die Konzentration auf den Hauptmann und den Leutnant haben bei späteren Betrachtern die Vermutung aufkommen lassen, daß die anderen 16 Männer unzufrieden gewesen seien – Rembrandt erhielt jedoch sein volles Honorar, wobei jeder der Porträtierten einen Anteil entsprechend seiner Bedeutung in dem Bild zahlte. Mit diesem einzigartigen Gemälde wandte sich Rembrandt von der bis dahin beachteten Konvention für Bürgerwehr-Bildnisse ab, bei der die ranghöchsten Offiziere zwar im Mittelpunkt stehen, die anderen jedoch niemals in den Hintergrund gedrängt werden. Rembrandt ordnete vielmehr die Porträtfunktion des Bildes der gemeinsamen Aktion unter, die den unmittelbar darauf erfolgenden feierlichen Aufmarsch der Bürgerwehr bereits erahnen läßt. Das raffinierte Spiel von Licht und Schatten vereint die Gruppe – eine malerische Metapher für die in ihr herrschende Harmonie.

Zwei kleine, im Licht hell erstrahlende Mädchen und ein behelmter Junge laufen nach rechts, gegen die Bewegungsrichtung der Truppe; dieser abweichende Weg ist ein erster Hinweis auf die allegorische Bedeutung der Kinder. Das am deutlichsten sichtbare Mädchen trägt ein Huhn an ihrem Gürtel, ein zunächst befremdlich erscheindender Schmuck für ein Brokatkleid, aber die gut sichtbaren Klauen – der Kopf des Tieres ist dagegen verdeckt – stellen sich als Verweis auf das traditionelle Emblem der Truppe heraus, die Klaue. Der Junge mit dem Helm feuert zur Verblüffung des Wachmannes zwischen dem Hauptmann und dem Leutnant eine Muskete ab. Die abwehrende Geste des Offiziers erinnert an die Verordnungen zum Waffengebrauch in den Bürgerwehren: Im Gegensatz zu diesem vorwitzigen Kleinen wissen die Offiziere, wann sie ihre Waffen benutzen dürfen. Rembrandt zeigt jedoch auch den geübten, ordnungsgemäßen Umgang der Truppe mit der Muskete, indem er zwei Offiziere beim Hantieren mit der Waffe wiedergibt: Links lädt ein Mann seine Muskete, rechts bläst ein anderer nach dem Schuß in die Pfanne. Zusammen mit dem Abfeuern des Schusses in der Mitte demonstrieren diese drei Aktionen die Verwendung dieser Handfeuerwaffe. Die richtige Handhabung einer Muskete war – wie ein Handbuch mit Illustrationen von Jacob de Gheyn II. veranschaulicht – eine komplizierte Angelegenheit – möglicherweise wollte Rembrandt auf diese Holzschnitte anspielen, als er die mit den Musketen hantierenden Männer porträtierte, denn ihre Haltung ähnelt verblüffend der der Musketiere im Handbuch (Abb. 109, 110).

Indem Rembrandt die Nachtwache als eine bestimmte Aktion in der Geschichte der Bürgerwehr konzipierte und ihre Traditionen wie auch ihre Rechte in den Vordergrund stellte, vermischte er die Konventionen der Porträt- und der Historienmalerei und schuf dieses Gemälde, das einen Höhepunkt seines künstlerischen Schaffens darstellt. Wie die Porträts in historischer Kleidung und Umgebung wirkt auch Rembrandts Experiment theatralisch. Der Trommler in einem Gewand aus dem 16. Jahrhundert erinnert

109 Jacob de Gheyn II. *Das Vorbereiten der Muskete.* Holzschnitt aus dem *Handbuch der Waffenkunde*, 1619. 17,8 x 12,7 cm. Privatbesitz

110 Jacob de Gheyn II. *Das Pressen des Schießpulvers.* Holzschnitt aus dem *Handbuch der Waffenkunde*, 1619. 17,8 x 12,7 cm. Privatbesitz

111 Richard Brakenburg. *Das Fest der Maikönigin,* 1700. Öl auf Leinwand, 41 x 48 cm. Budapest, Szépmüvészéti Múzeum

sogar an die traditionellen Rhetorikerumzüge, jedoch muß es sich nicht zwangsläufig um eine bestimmte Vorführung oder einen entsprechenden Umzug handeln. Die Theatralik der *Nachtwache* betont die repräsentative Funktion der Bürgerwehren und verweist gleichzeitig auf das Rollenspiel in allen Porträts.

Darstellungen traditioneller Dorffeste, die für die meisten städtischen Sammler keine realen Ereignisse mehr waren, vermittelten in einer Zeit, in der gesellschaftliche Feste mehr und mehr in den Privathäusern gefeiert wurden, historisch verklärend die Vorstellung einer harmonischen Gemeinschaft. Das um 1700 entstandene *Fest der Maikönigin* von Richard Brakenburg (1650–1702) zeigt einen fröhlichen Umzug von Landbewohnern, die alle so unschuldig wirken wie das Mädchen, das den Zug auf der Suche nach dem Frühling anführt (Abb. 111). Diese harmlose Interpretation eines ländlichen Festes scheint im Widerspruch zur kalvinistischen Lehre und sporadischen Regierungserlassen gegen ›papistische‹ und potentiell aufwieglerische, öffentliche Feiern zu stehen. Brakenburgs Gemälde ist jedoch wohlwollender als solche Anschuldigungen; es stuft die Vergnügungen der unteren Schichten als unbeschwert und ungefährlich ein und erlaubt dem begüterten Publikum, diese als Spiegelbild einer harmonischen Gemeinschaft zu erleben.

Bewahrte Identität: Die Ironie der Porträts

Die Porträtmalerei war in der niederländischen Gesellschaft ein erstrangiges Mittel, wenn es darum ging, die Individualität eines Menschen zu bestimmen; so gab es beispielsweise viel mehr Bildnisse als geschriebene Biographien. Die Idealvorstellung von der eigenen Person hing von Faktoren wie gesellschaftlicher Status, Geschlecht, Familienstand, Beruf und religiöser Orientierung ab. Die bürgerliche Führungsschicht erwartete vom Porträt die Hervorhebung von Qualitäten wie moralische Stärke, Mäßigung, Belesenheit, Beredsamkeit, Güte sowie Treue gegenüber dem Ehepartner, dem Berufsstand und der Stadt. Solch eine ideale Persönlichkeitsstruktur konnten nicht alle Menschen in gleichem Maße erlangen; Frauen hatten an ihr etwas weniger teil als Männer. Die Identität von Angehörigen niederer Schichten, etwa von Dienstboten, Bauern und Handwerkern, wie sie in den Genredarstellungen vorgeführt wird, war noch eingeschränkter und sehr stark von äußeren Faktoren wie auch von der politischen Elite bestimmt. Albert Eckhouts Darstellungen von Brasilianern waren, obwohl er die Menschen ethnographisch charakterisierte, ebenfalls keine Porträts individueller Personen: Obgleich sich der Maler an die Regeln der Porträtkunst hielt, steht doch jede der dargestellten Personen eher für einen Typus als für sich selbst (s. Abb. 86). Die Konventionen, wer sich wie porträtieren lassen konnte, trugen somit zur Festigung der gesellschaftlichen Hierarchie bei.

Doch obwohl das Porträt wichtige Mitglieder der Gesellschaft unsterblich machen sollte, haben fast alle Gestalten mit der Zeit ihre Individualität verloren. Die meisten in diesem Buch vorgestellten Porträts scheinen eher als Arbeiten eines bekannten Künstlers wiedererkennbar zu sein denn als Bildnisse eines bestimmten Menschen. Nur bekannte historische Persönlichkeiten wie Jan Six oder Gestalten wie Banning Cocq, die in herausragenden Meisterwerken dargestellt wurden, konnten diesem Schicksal entgehen. Viele porträtierte Personen können nicht namentlich identifiziert werden. Bereits 1690 war die Haarlemer Bürgerwehr von dieser Tatsache so sehr beunruhigt, daß man Nachforschungen anstellte, um die Namen der Offiziere in Hals' Porträt zu erfahren. Nicht vergessen hatte man jedoch, wer das Bild gemalt hatte.

Die besonderen stilistischen Eigenheiten – die schwungvolle Pinselführung von Hals oder das charakteristische Helldunkel bei Rembrandt – sorgten dafür, daß spätere Generationen die Porträts vor allem in bezug auf ihren Schöpfer betrachteten. Hals' eigenwilliger Stil kann sogar den Status eines Bildes als Porträt in Frage stellen. Der *Lachende Kavalier* gibt vor, ein Porträt zu sein: aufgrund der Haltung des Mannes, des Hintergrundes, des direkten Blicks auf den Betrachter und der traditionellen Altersangabe (s. Abb. 56). Dennoch verspotten der hochgezwirbelte Schnurrbart, das Glitzern in den Augen und das farbenprächtige Gewand das traditionelle Gebot der Bescheidenheit, wie auch der Titel andeutet, den das Bild später erhielt. In diesem Gemälde vermischt der Maler die Konventionen des individuellen Porträts mit denen der Bürgerwehr-Bankette und der Genredarstellung, und so verrät der *Lachende Kavalier* wie die *Nachtwache* ebensoviel über die Persönlichkeit des Künstlers wie über die der dargestellten Person.

Öffentliche Gebäude als Kristallisationspunkt bürgerlicher Gemeinschaft

Jede Analyse des künstlerischen Beitrags zur bürgerlichen Identität muß sich auch mit den architektonischen Leistungen einer Gesellschaft befassen. So wie die zurückhaltenden klassizistischen Privathäuser reicher Bürger deren Status und Bildung erkennen ließen, so gestatteten es Zunft- und Rathäuser den Vereinigungen und Städten, eine Vision ihrer Gemeinschaft zu entwerfen. So betrachtet, spiegeln öffentliche Gebäude den Charakter einer Stadt, wie es am Beispiel Delfts und Amsterdams deutlich wird.

112 Hendrick de Keyser.
Das Rathaus von Delft, 1620, und der Marktplatz

113 Jacob van Campen. Das ehemalige Rathaus von Amsterdam am Dam-Platz, heute der Königspalast, 1647–1655

1618 fiel das Rathaus von Delft einem Brand zum Opfer, der das gesamte Gebäude bis auf den Turm aus dem 15. Jahrhundert zerstörte. Die Bürgermeister begannen sofort mit dem Wiederaufbau des Magistratssitzes, der eine Quelle des öffentlichen Stolzes gewesen war; innerhalb von zwei Monaten billigte man Hendrick de Keysers Entwurf für ein neues Gebäude am alten Platz (Abb. 112). Obwohl de Keysers symmetrischer Grund- und Fassadenaufriß den alten, unregelmäßigen Plan aus ursprünglichen Gebäudeteilen und Anbauten nicht wiederaufnahm, bewahrte das neue Rathaus doch Verbindungen zu seiner beeindruckenden Vergangenheit. De Keyser verwandte Teile der alten Mauern und bezog den Turm mit seinem berühmten Glockenspiel in den Neubau mit ein. Indem er den Haupteingang in die zum Marktplatz weisende Fassade integrierte, ermöglichte er der Bürgerschaft einen frontalen Blick auf den Turm; dieser wiederum steht in direkter Beziehung zu Delfts imposantestem Kirchturm auf der anderen Seite des Marktplatzes, dem der Nieuwe Kerk. Die Mittelachse der Fassade bildet ein dreistöckiger Erker oder Risalit, der von zweigeschossigen Seitenflügeln flankiert wird. Die Loggia über dem Eingang diente als Zugang zu den provisorischen Holzkonstruktionen, die bei öffentlichen Hinrichtungen als Zuschauertribünen vor dem Rathaus errichtet wurden. De Keyser gestaltete die

114 Jacob van Campen und **Pieter Post.** Das Mauritshuis in Den Haag, Südfassade, 1633–1644

Mit dem Rathaus von Amsterdam, dem großartigsten Repräsentationsbau einer amtierenden republikanischen Regierung, entwickelte van Campen eine strengere Variante des klassizistischen Stils, den er beim Mauritshuis, dem Stadtpalais für den Grafen Johann Moritz von Nassau-Siegen, erstmals angewandt hatte.

Fassade nach klassischen Vorbildern, indem er dorische Pilaster ins Erdgeschoß, ionische in die erste Etage sowie korinthische ins Obergeschoß des Erkers setzte und die verschiedenen Geschosse nach dem klassischen Proportionssystem zueinander in Beziehung setzte. Obwohl de Keyser mit dieser Vorgehensweise den Ratschlägen der italienischen Renaissancehandbücher folgte, wirkt die Fassade ausgesprochen einheimisch; der streng vertikale Risalit, der durch den dahinter aufragenden Turm betont wird, steht ebenso wie die farbenprächtige Ornamentik mit ihrem klassischen, jedoch nach lokalem Geschmack neu kombinierten Formengut in niederländischer Tradition. Das Rathaus von Delft galt bis zur Mitte des Jahrhunderts als das schönste der ganzen Niederlande, bis man in Amsterdam einen wahren Regierungspalast errichtete.

In den 30er Jahren war das Rathaus von Amsterdam baufällig geworden. Der Entschluß, es durch einen Neubau zu ersetzen, wurde durch das rapide Ansteigen der Einwohnerzahl (sie stieg von 60000 im Jahr 1600 auf 135000 im Jahr 1640), das Wirtschaftswachstum und den steigenden Bedarf an Magistratsbeamten noch beschleunigt. 1648 entschieden sich die vier Bürgermeister mit Jacob van Campens Entwurf für das größte Gebäude, das jemals in der Republik gebaut wurde; es konnte sowohl mit den antiken und zeitgenössischen Palästen Roms als auch mit dem im 16. Jahrhundert errichteten Rathaus von Antwerpen konkurrieren. Van Campens meisterhafte Beherrschung der klassischen Bauprinzipien zeigt sich in dem symmetrischen Grundriß und der Fassade mit ihren flachen Giebeln und ihren rhythmischen Reihen von korinthischen sowie Kompositpilastern (Abb. 113). Die sparsame Ornamentik der Fassaden ist sehr viel stärker an der Klassik orientiert als die des Rathauses von Delft oder des Mauritshuis, eines Herrenhauses, das van Campen für den brasilianischen Gouverneur Johann Moritz von Nassau-Siegen gebaut hatte (Abb. 114). Statt eines hohen Turms für die Uhr und die Glocken entwarf van Campen eine Kuppel nach zeitgenössischem italienischen Vorbild. Die beiden Hauptgeschosse des Gebäudes kennzeichnet eine klare Raumaufteilung, wie sie die Fassadengliederung bereits andeutet. Der regelmäßige Grundriß und die luftigen, durch zweckmäßige Korridore und Treppenhäuser miteinander verbundenen Räume spiegeln das Ideal einer vernunftbestimmten Herrschaft, die massiven Wände und Gewölbe wiederum die zuverlässige und unerschütterliche Regierung, die für Amsterdams Wirtschaft und städtische Stabilität unverzichtbar war.

1655 wurde das Gebäude mit Lobliedern, die es mit dem Tempel von Jerusalem verglichen, und einer Parade der Bürgerwehrkompanien festlich eingeweiht. Eine Lobeshymne des Dichters Joost van den Vondel beschrieb Amsterdams Aufnahme in den Kreis der für ihre Architektur berühmten Städte, an deren Spitze das antike Rom und das Venedig der Renaissance standen; er glorifizierte das Gebäude als den geheiligten Sitz eines Magistrats, der der Korruption Einhalt gebietet, den Frieden wahrt, das Wirtschaftsleben fördert und für das Wohlergehen der Bürger sorgt. Das Bild- und Skulpturenprogramm des Rathauses veranschaulicht diese Ziele in einem übergreifenden Darstellungszyklus. Im Ost- und Westgiebel bringen skulptierte Personifikationen der Meere und der Kontinente den Amsterdamer Jungfrauen Huldigungen und die Früchte der kaufmännischen Unternehmungen dar. Die weltweite Einflußsphäre der Stadt manifestiert sich auch in den in den Marmorfußboden der Bürgerhalle eingelassenen Karten der Erdhalbkugeln und des Nordhimmels; dieser öffentliche Saal erstreckt sich über zwei Stockwerke und trennt den Nord- und den Südflügel des Gebäudes. In den Arbeitsräumen der Bürgermeister und Richter veranschaulichen Gemälde und Skulpturen anhand historischer Vorbilder die Verantwortung der Regenten für Gerechtigkeit, Frieden und Tugendhaftigkeit; ein charakteristisches Beispiel ist etwa die Darstellung des standhaften Marcus Curius Dentatus von Govert Flinck (s. Abb. 69). In ihrer Begeisterung über diese gelungene Interpretation der Ambitionen und des Selbstwertgefühls Amsterdams priesen Bürger und Besucher der Stadt dieses Rathaus als das achte Weltwunder.

6. Kapitel

Die Stellung des Künstlers

Die niederländische Bildkultur war vor allem durch den lebendigen Dialog zwischen Künstlern, Käufern und einem größeren Publikum geprägt. In den malerischen Ergebnissen dieses Dialogs machten die Künstler durch Signaturen und Selbstporträts, und auch eher indirekt durch bestimmte Motive oder charakteristische Spuren ihres Stils, auf ihre handwerkliche Arbeit aufmerksam. Ebenso gaben sie ausführliche Erläuterungen über die Ziele und Mittel der Bilddarstellung ab.

Selbstdarstellung

Der Kunsttheorie der italienischen Renaissance zufolge stellen sich alle Maler in ihren Werken selbst dar. Diese These, die in den Niederlanden gut bekannt war, bedeutete ursprünglich, daß die Maler unbewußt andere Menschen mit ihren eigenen Zügen ausstatteten. Sehr bald wandten die Kunsttheoretiker diese Erkenntnis jedoch auch zur Beurteilung des Gesamtcharakters eines künstlerischen Œuvres an. Viele Maler scheinen der These in Form von Selbstporträts und stilistischen Eigenheiten entsprochen zu haben.

Rembrandt hat sich selbst so häufig und in so vielen verschiedenen Verkleidungen porträtiert wie kein Maler vor und nur wenige nach ihm. Seit seiner Lehrzeit bildete er sein Gesicht und seinen Körper in Zeichnungen, Radierungen und Gemälden ab; in jedem Jahr seiner künstlerischen Laufbahn entstand etwa ein Selbstporträt. Die Bedeutung dieser Arbeiten ist Thema einer lebhaften Debatte gewesen. Im Inventar seiner Besitztümer aus dem Jahr 1656 war jedoch kein Selbstporträt verzeichnet, und nur wenige befanden sich im Besitz internationaler Sammler: Wie individuell diese Werke gestaltet sind und wie wichtig sie für Rembrandts Selbstverständnis gewesen sein mögen – offensichtlich waren sie ebenso für ein breiteres Publikum geschaffen.

Ein großes Selbstbildnis, das zu Beginn der 60er Jahre entstand, scheint dieser doppelten Funktion Rechnung zu tragen, denn es

115 Rembrandt Harmensz. van Rijn. *Selbstbildnis als Maler,* um 1660–1662. Öl auf Leinwand, 114,3 x 95,2 cm. London, Kenwood House, Iveagh Bequest

richtet sich sowohl an den Betrachter wie es auch Ausdruck der Innenschau des Künstlers ist (Abb. 115). Rembrandt tritt frontal vor den Betrachter, er trägt einen langen Malerkittel mit einem einfachen Kragen und eine schlichte weiße Kappe. Seine linke Hand – ein Bereich in dem Gemälde, der mehrfach überarbeitet worden ist – scheint förmlich aus Malutensilien zu bestehen. Rembrandts Betonung der handwerklichen, arbeitsintensiven Qualität der Malerei, die auch durch die Stofflichkeit der Bildoberfläche unterstrichen wird, kehrt die Konventionen des Selbstporträts um, in dem die Maler für gewöhnlich als feine Herren oder Intellektuelle posieren. Hinter Rembrandt, wohl an der Wand, sieht man zwei angedeutete Kreise. Möglicherweise handelt es sich hier um eine Weltkarte, bei der jeder Kreis eine Hemisphäre darstellt, oder um die Gegenüberstellung einer kleinen Erdkugel und eines größeren Himmelsglobus. Beide kartographischen Motive könnten als Verkörperung der sichtbaren Welt gemeint sein, die als Domäne aller Künstler betrachtet wurde; auf Rembrandt paßt die Anspielung, da sein Schaffen universal war, d.h., daß er in fast allen Bildgattungen arbeitete.

Indem er sich selbst als handwerklich virtuosen Meister in seinem Malerreich darstellte, verteidigte Rembrandt den für ihn charakteristischen Malstil. Diese ›rauhe‹ Handschrift, wie sie die Mehrzahl der zeitgenössischen Werke zeigt, verlor nach der Mitte des Jahrhunderts, als man die ›feine‹ Manier allgemein bevorzugte, an Beliebtheit bei den Sammlern. Zu der Zeit, als Rembrandt sein Selbstbildnis schuf, wies die Amsterdamer Regierung seine für das Rathaus geschaffene *Verschwörung des Claudius Civilis* zurück, möglicherweise wegen ihrer unheimlichen, düsteren Wirkung (s. Abb. 70). Rembrandts gerunzelte Brauen und die verschatteten Augen sind jedoch keineswegs als Ausdruck seiner Sorgen über diesen Mißerfolg zu deuten. Sie sind vielmehr das traditionelle Kennzeichen des melancholischen Künstlers, der, nach antiker medizinischer Überlieferung, von einem Übermaß an schwarzer Gallenflüssigkeit gequält wird. Seit der Renaissance betrachtete man diese Melancholie als typisch für das künstlerische Temperament, wie Cesare Ripa es in seinem Handbuch der Personifikationen ausgeführt hatte. In der niederländischen Ausgabe ist zu lesen, daß die Melancholie als alter Mensch und zusammen mit geometrischen Figuren dargestellt wird. Dies bietet eine weitere Interpretationsmöglichkeit für die Kreise hinter dem alternden Rembrandt.

Obwohl Rembrandt sich für gewöhnlich mit ernster Miene darstellte, wählte er bisweilen auch komische, ja sogar anzügliche Rollen. Jan Steen, der vorwiegend humorvolle, anekdotenreiche Sujets malte, hat sich häufig in einer solchen Verkleidung in turbulenten Familien- und Wirtshausszenen abgebildet. In Steens Darstellung des Besuchs bei einer Wöchnerin trägt der Witzbold, der hinter dem Ehemann die Hörner andeutet, die Züge des Malers (s. Abb. 90). Obwohl die Zahl der bloßstellenden Selbstporträts Steens einzigartig blieb, haben sich viele seiner Kollegen bei passender Gelegenheit in ähnlicher Stimmung wiedergegeben. Die Malerin

116 Judith Leyster. *Selbstbildnis,* um 1630. Öl auf Leinwand, 74,3 x 65 cm. Washington D.C., National Gallery of Art

Judith Leyster (1609–1660), die sich auf Genrebilder spezialisiert hatte, schuf eine Mischung zwischen ernster und heiterer Selbstdarstellung. In ihrem um 1630 entstandenen Selbstporträt (Abb. 116) sitzt sie im eleganten Kleid und nicht in dem üblichen Malerkittel vor ihrer Staffelei; dabei verweist sie auch auf ihr spezielles Talent, denn sie hat gerade eine heitere Figur gemalt, und sie lächelt dem Betrachter zu, wie Steen es in seinen Selbstbildnissen tut. Gelächter und Lächeln waren für die nüchterne Porträtkunst etwas Ungewöhnliches. Doch auch Leysters Lehrmeister, Frans Hals, und ihr Ehemann, Jan Miense Molenaer, setzten es zur Belebung ihrer Bildnisse ein. In ihrem Selbstporträt stellt sich die Künstlerin als Genremalerin und als Vertreterin der modernen Haarlemer Malerschule dar. Diese Synthese ist charakteristisch für den Großteil ihres Œuvres, das sich deutlich vom Werk der meisten zeitgenössischen Genremaler unterscheidet.

Dem geradezu plastischen Farbauftrag Rembrandts stehen die glatten Oberflächen seines ersten Schülers Gerrit Dou gegenüber (Abb. 117). Wie bereits angedeutet wurde, betont das scheinbare Fehlen der Malerhand paradoxerweise die hervorragenden handwerklichen Fähigkeiten des Künstlers, wofür auch Dous *Quacksalber* ein Beispiel ist. Dou und die Maler in Leiden haben diese Malweise offensichtlich bewußt entwickelt, vielleicht auf Anregung von Rembrandts frühen, bewußt realistischen Arbeiten. Im *Quacksalber* reflektiert Dou seine eigene künstlerische Identität. Auf den ersten Blick gibt das Bild lediglich ein traditionell komisches Thema wieder: Ein leichtgläubiges Publikum lauscht einem Kurpfuscher, der seine unwirksamen, von zahlreichen falschen Patentbriefen beglaubigten Waren verkauft. Das Motiv der Frau, die ihrem Säugling das Hinterteil abwischt, und der abgestorbene Baum im Vordergrund verweisen jedoch auf die Nutzlosigkeit der Medizin und aller menschlichen Bemühungen, dem Tod zu entwischen. Mit diesen konventionellen Anspielungen ist das metaphorische Repertoire des Gemäldes keineswegs erschöpft. Dou stellt sich selbst in dem Fenster hinter dem Quacksalber dar und vergleicht damit seine künstlerische Identität mit der des Scharlatans. Satirische, aber auch ernste Texte bezeichneten die Malerei aufgrund der Möglichkeit, den Betrachter von der Wahrhaftigkeit ihrer zweidimensionalen Bildgegenstände zu überzeugen, als trügerisch. Weil sie die Augen täuscht, ist die Malerei, und vor allem Dous Genre, durchaus mit der Kurpfuscherei vergleichbar. Indem er diesen Vergleich in ein großes, augentäuschendes Gemälde integrierte, schmiedete Dou aus der Täuschung eine künstlerische Identität. Während für Rembrandts späte Selbstbildnisse eine fast altmodische Ungeschliffenheit charakteristisch ist, welche die Betrachter dazu brachte, ihn in trotziger Isolation zu sehen, was das Publikum des 19. Jahrhunderts mit Begeisterung tat, förderten Dous Selbstbildnisse die Entstehung der Legende, daß er extrem ordentlich und heimlichtuerisch war.

Viele Stillebenmaler spielten mit der Vorstellung vom Bild als getreuem Spiegel, indem sie reflektierende Oberflächen wieder-

117 Gerrit Dou. *Der Quacksalber,* 1652. Öl auf Holz, 112 x 83 cm. Rotterdam, Museum Boymans-van Beuningen

118 Pieter Claesz. *Vanitas-Stilleben,* um 1630. Öl auf Holz, 36 x 59 cm. Nürnberg, Germanisches Nationalmuseum

gaben und ihre Ateliers und sich selbst in ihnen abbildeten. In einem Gemälde von Pieter Claesz., das wie eine klassische Vanitas-Darstellung wirkt (Abb. 118), finden sich nicht nur die für dieses Genre üblichen Requisiten wie der Totenschädel, das umgestoßene Glas und die Uhr, sondern auch eine Glaskugel, in der sich die Gegenstände auf dem Tisch und der Maler selbst an seiner Staffelei – wahrscheinlich in dem Augenblick, als er das Stilleben malt – spiegeln. Wie viele seiner Zeitgenossen modifizierte Claesz. das Vanitas-Thema, indem er sein Porträt in das Bild integrierte, war es doch das Genre, das am offensichtlichsten darum bemüht war, dem Maler Unsterblichkeit zu verschaffen. Die Uhr kann einerseits ein Symbol der Vergänglichkeit des irdischen Daseins sein, aber sie verbildlicht andererseits auch das lebensverlängernde Potential der Malerei. Obwohl er korrekt gekleidet ist und nicht seinen Malerkittel trägt, betont Claesz. mit seinem Spiegelbild zwischen den handgefertigten Gegenständen den handwerklichen Aspekt seiner Kunst. Somit symbolisiert dieses Bild vielleicht auch eine Aufwertung des Stillebens entgegen dem traditionell niedrigen Rang unter den Bildgattungen, die es seiner Beschäftigung mit unprätentiösen Gegenständen verdankte.

Selbstporträts in Genreszenen oder Stilleben fungieren ebenfalls als Signaturen der Künstler. Wie bereits erwähnt, zeugen Signaturen an sich schon vom künstlerischen Selbstbewußtsein, in Pieter Saenredams Kircheninterieurs betonen sie den Realismus der Darstellung. Viele Maler machten Wortspiele mit ihren Namen. Judith Leyster, deren Nachname übersetzt ›Leitstern‹ bedeutet, signierte ihre Arbeiten häufig mit »L*«. Steen, d.h. ›Stein‹, malte seinen Namenszug, als sei er in einen Türsturz geschlagen.

Obwohl Selbstporträts und Signaturen die direktesten Spuren sind, die auf den Urheber verweisen, können auch bestimmte Themen, Örtlichkeiten und Stilmittel die Hand eines Künstlers verraten. Gabriel Metsu etwa malte einen Amsterdamer Gemüsemarkt, der direkt vor seinem Haus abgehalten wurde (s. Abb. 78); auch Gerrit Dou lebte in der Nähe des Stadttores, das er im Zentrum seines *Quacksalbers* abbildete. Auf andere Art sind auch Frans Hals' schnelle Pinselstriche individuelle Signaturen – auch wenn viele seiner Schüler sie zu kopieren suchten. Solche malerischen Markenzeichen hatten auch einen praktischen Zweck, denn sie ermöglichten den Künstlern, ihr Territorium im Konkurrenzkampf auf dem Kunstmarkt abzustecken.

Kunstbetrachtung

Die geringe Zahl theoretischer Schriften über die Kunst steht im Gegensatz zu der großen Zahl von Bildern, die im 17. Jahrhundert in den Niederlanden entstanden. Viele Maler glichen diesen Mangel aus, indem sie durch ihre Bilder über die Kunst sprachen. Sie setzten sich so, mehr oder weniger bewußt, mit den Möglichkeiten der Kunst im malerischen Diskurs auseinander. Die Beiträge der niederländischen Kunsttheoretiker stellen einen Kontext für diese gemalten Ausführungen bereit.

Karel van Mander, Philips Angel und Samuel van Hoogstraten werden bisweilen als zweitrangige Autoren betrachtet, die die italienischen Kunsttheorien der Renaissance direkt übernahmen, etwa Leon Battista Albertis (1404–1472) Schrift *Della Pittura* oder die Künstlerbiographien von Giorgio Vasari (1511–1574). Van Mander war sich seiner italienischen Vorläufer durchaus bewußt; seine Zusammenfassung ihrer Werke, seine Ergänzungen und Auslassungen, seine Biographien nordeuropäischer Künstler und seine Interpretation Ovids lassen sein Handbuch jedoch als ein originales Produkt der Haarlemer Kunstwelt um 1600 erscheinen. Viele Maler und Sammler besaßen eine Ausgabe von van Manders *Schilder-Boeck*, und es war von enormer Bedeutung für die Entwicklung der künstlerischen Identität in den Niederlanden. Van Mander schenkte der realistischen Darstellungsweise mehr Aufmerksamkeit als die italienischen Theoretiker; die Erfindung der Ölfarbe durch Jan van Eyck beschrieb van Mander als Grundlage für den außergewöhnlichen Realismus der niederländischen Malerei. Darüber hinaus hob er die Virtuosität der niederländischen Landschaftsdarstellungen hervor und gab Ratschläge, wie man diese Arbeiten betrachten sollte.

Philips Angels Rede aus dem Jahre 1641, in der er für die Gründung einer eigenen Gilde in Leiden eintrat, sollte nicht am Maßstab einer ausgewogenen intellektuellen Abhandlung gemessen werden. In ihren zahlreichen Abweichungen von van Mander spiegelt sie die praktischen Erfahrungen des Autors wider und ebenso sein Gespür für das örtliche künstlerische Klima in Leiden. Angel trat für die neue Impulse vermittelnde, angesehene illusionistische Malerei ein, zu deren berühmtesten Vertretern Gerrit Dou zählte.

Van Hoogstratens *Einführung in die Hohe Schule der Malkunst* von 1678, die weniger ausführlich als diejenige van Manders ist, wird manchmal als reaktionäre Streitschrift für die klassizistisch ausgerichtete Malerei betrachtet, deren Autor der lebendigen Vielfalt der zeitgenössischen niederländischen Malerei nichts abgewinnen konnte. Seine berühmte Rangordnung der Bildgattungen – von der Historienmalerei an der Spitze bis zum Stilleben am unteren Ende der Hierarchie – ist jedoch tatsächlich nicht so restriktiv, wie sie zu sein scheint. Van Hoogstraten erzielte vor allem mit seinen illusionistischen Stilleben Anerkennung, etwa am Hof Ferdinands III. in Wien. In seinem Buch ebenso wie in den Bildunterschriften seiner Werke rühmte er sich dessen. Obwohl er eine Rangfolge der verschiedenen Bildgenres aufstellte, war er der Ansicht, daß ein Maler höchste künstlerische Qualität und Wertschätzung in jedem Genre erreichen könnte. Bemerkenswert an van Hoogstratens Ausführungen ist, welch großen Wert er auf die möglichst sorgfältige Wiedergabe der ›sichtbaren Welt‹ legt, wie es auch der Untertitel seiner Abhandlung formuliert. Van Hoogstratens Guckkasten veranschaulicht seine Gedanken über die Kunst aus niederländischer Sicht (s. Abb. 59). In kleinen Szenen an drei Wänden stellt er die Beweggründe für das Malen dar, die er auch in seiner Theorie erläutert. Maler, so verraten die Vignetten, malen aus finanziellen Gründen, wegen des Ansehens und weil sie die Malerei lieben. Diese programmatischen Aussagen über die Motivation des künstlerischen Schaffens vermittelt van Hoogstraten durch die niederländischste aller Szenen – ein makelloses bürgerliches Interieur mit anonymen Figuren, nicht etwa durch ein aufwendiges Historienstück.

Die niederländischen Kunsttheorien des 17. Jahrhunderts können auf diese Weise das Bewußtsein für die eigenen Bildtraditionen, insbesondere in den nördlichen Niederlanden, genährt haben. Arnold Houbraken hat van Manders *Schilder-Boeck* sicherlich auf seine Art interpretiert. Seine Biographien niederländischer Künstler, die zwischen 1718 und 1721 veröffentlicht wurden, setzten van Manders Lebensbeschreibungen da fort, wo dieser geendet hatte. Man hat Houbrakens dreibändigem Werk vorgeworfen, es beruhe auf einer einseitig geprägten klassizistischen Sichtweise und verbreite überdies unwahre Begebenheiten; aber seine Anekdoten lassen die Künstler durch Worte lebendig werden, und sie spiegeln auch den Charakter ihrer Arbeiten.

Die niederländischen Kunsttheoretiker reflektierten nicht nur über bereits geschaffene Kunstwerke. Vielmehr drängten sie die Künstler auch, die theoretischen Erkenntnisse umzusetzen und den Kunstwerken der berühmten antiken Maler nachzueifern. Viele niederländische Maler nahmen diese Herausforderung mehr oder weniger bewußt an. Die überlieferte Anekdote über den griechischen Maler Zeuxis, dessen gemalte Weintrauben Vögel täuschten, mag mit ein Grund gewesen sein für die Beliebtheit der Darstellung von Insekten, die auf Blumen oder toten Vögeln sitzen (s. Abb. 103). Adriaen van de Venne erzielte eine doppelte Täuschung, indem er eine Schmeißfliege malte, die scheinbar auf der Oberfläche des Gemäldes *Die Menschenfischer* sitzt. Einerseits wirkt es so, als wolle die Fliege in die Bildwelt eindringen, andererseits muß sich auch der Betrachter entscheiden, ob er sie wegjagen soll oder nicht (Abb. 119). Das Motiv entspricht dem Zweck des Gemäldes, das am Beginn der Laufbahn van de Vennes wohl als Demonstrationsobjekt für potentielle Käufer entstand. Das Selbstporträt des Künstlers unterstreicht diese Zweckbestimmung.

119 Adriaen van de Venne.
Die Menschenfischer, 1614
(Detail aus Abb. 8)

Auch die Sturm- und Gewitterszenen der niederländischen Malerei spiegeln van Manders Ratschlag wider, sich den griechischen Maler Apelles zum Vorbild zu nehmen, der angeblich flüchtige Naturphänomene wie Blitze mit bedeutend weniger Farben festhielt als den niederländischen Künstlern zur Verfügung standen (s. Abb. 82). Von dem griechischen Maler Pausias nimmt man an, er habe einen riesigen Stier gemalt, der den Betrachter direkt ansah, wobei der Körper des Tieres in Verkürzung wiedergegeben war. Paulus Potter gibt seinen Bullen zwar nicht in so extremer Verkürzung wieder, dennoch mag sein Koloß im imaginativen Wettstreit mit dem verlorenen Vorbild entstanden sein (Abb. 120).

Eines der zentralen Themen in der italienischen Kunsttheorie, dem sich auch van Mander widmet und das Philips Angel weiter ausführt, war die vermutlich jahrhundertealte Rivalität zwischen Bildhauerei und Malerei. Wie es die gegebenen Voraussetzungen in der Republik mit der Bevorzugung des gemalten Bildes erwarten lassen, entschied Angel den Wettstreit, der gemeinhin als *paragone* bekannt ist, zugunsten der Malerei. Als Hauptargument führte er die geschmeidige Konsistenz und die Vielfalt der Farben ins Feld, die den Malern eine exaktere Nachahmung der Natur erlaubten. Diese Argumentation macht aus dem traditionellen Vorwurf gegen die Malerei, sie sei »Schein ohne Sein«, eine Tugend. Ihr illusionistisches Potential ist demnach der Garant für ihre überragende künstlerische Qualität. Die Maler konnten überdies das Arbeitsmaterial und die Werke der Bildhauer imitieren, was viele durch die virtuose Integration von Skulpturen im Bild taten.

120 Paulus Potter. *Der junge Bulle,* 1647 (Detail aus Abb. 76)

Philips Angel erklärte die Malerei zur »vornehmeren Gattung«: wahrscheinlich nicht nur älter als die Skulptur, konnte sie zudem auch mit Muße, vor einer Staffelei sitzend, betrieben werden. Dieser Aspekt verweist auf die ideologischen Hintergründe jener Selbstporträts, die die Maler in eleganter Kleidung vor der Staffelei sitzend abbilden (s. Abb. 116). Rembrandts Selbstbildnis dagegen, das ihn im Malerkittel und stehend zeigt, weist sich somit in seiner Unkonventionalität aus. Angel bemerkte, daß die Maler, anders als die Bildhauer, ihre besten Arbeiten auch im reifen Alter schaffen könnten. In der Tat verzeichneten viele Maler stolz ihr hohes Alter neben der Signatur; es ist kein Zufall, daß beispielsweise Jan van der Heyden dies in einem seiner detailbesessensten Bilder tat, das er 75jährig, in seinem Todesjahr, schuf (s. Abb. 39).

Durch die Kombination von künstlichen und seltenen natürlichen Objekten – der Gürteltierkadaver sowie die Schildpatt- und Elfenbeinintarsien des Schränkchens – stellt van der Heydens Arrangement eine ideale Miniatursammlung dar. In dieser Hinsicht verkörpert es einen weiteren Antagonismus in der Kunsttheorie der Renaissance: den Zwiespalt zwischen Kunst und Natur. Diejenigen, die sich mit Wissenschaft, Theologie und Kunst befaßten, bewunderten die kreative Vielfalt der Natur, ihre Fähigkeit, farbige Formen hervorzubringen, die weit über das menschliche Vorstellungsvermögen hinausgehen. Bizarr geäderte Steine, seltsam geformte Insekten, Tulpen mit Streifen in beißenden Farben und kompliziert gewundene Muschelschalen flößten nicht nur Ehrfurcht vor ihrem Schöpfer ein, sondern reizten die Künstler auch, es dessen schöpferischer Kraft mit Darstellungen gleichzutun, die ebenso wundersam anmuteten. Die Vielfalt des Marmors, die exotischen Muscheln und zeitgenössischen Blumenzüchtungen im niederländischen Bildrepertoire le-

gen Zeugnis ab von dem hohen Stellenwert, den die Naturvorbilder für den Künstler hatten.

Natürlich ging es in der Kunst nicht allein um die Nachahmung der Natur. Einige Maler hinterließen beredte Zeugnisse über die grundlegenden Voraussetzungen der Malerei in Darstellungen von Künstlern bei der Arbeit. Obwohl es scheinbar eine reale Situation wiedergibt, wurde Vermeers Atelierbild bereits von seiner Witwe als *Die Malkunst* bezeichnet (Abb. 121). Vermeer plaziert den Betrachter so, daß er, hinter einem farbenprächtigen Vorhang stehend, den Maler und sein Modell beobachtet. Dieser Vorhang markiert die Grenze zwischen dem Universum des Zuschauers und der harmonischen Bildwelt in ihrer zurückhaltenden Tonigkeit. Dies ist kein Selbstbildnis: Der Blick von hinten auf das Modell wäre auch bei einem ausgesprochen innovativen Porträt nicht akzeptabel gewesen. Darüber hinaus hätten zeitgenössische Betrachter die phantastische Kostümierung des Künstlers, die historisch nicht genau einzuordnen ist, als altertümlich empfunden. Er ist gerade dabei, eine junge Frau zu malen, die mit einem Lorbeerkranz geschmückt ist und eine Trompete und ein Buch hält. Cesare Ripa ordnete diese Attribute Klio, der griechischen Muse der Geschichte, zu: Der Kranz verweist auf die Ehre, die sie bringt, die Trompete auf den Ruhm, den sie verkündet. Ehre und Ruhm zählten zu den bedeutendsten Motivationen und Verdiensten der Malerei, die vor allem durch täuschend echte Lebensnähe erreicht wurden, worauf die Maske auf dem Tisch deutet. Die Darstellung der Geschichte war selbstverständlich die höchste Aufgabe der Kunst, aber Vermeers Interpretation dieser Tradition durch die Personifizierung der Geschichte und ihre Darstellung in einem Genrebild, der von ihm bevorzugten Gattung, wirkt ironisch. Geschichte bedeutet hier auch niederländische Geschichte, und zwar die politische, wie es die großformatige Karte mit den vor der Spaltung noch vereinten 17 Provinzen andeutet. Das Gemälde selbst, ein minuziös wiedergegebenes Interieur in einer altehrwürdigen Tradition, zu dem die charakteristischen Bilddetails der Karte und des Vorhangs gehören, spielt zugleich auch auf die niederländische Kunstgeschichte an. Klio verweist nicht nur auf die kommemorative Funktion von Bildern, sondern sie spielt auch die ihr angemessene Rolle als Muse. Die Inspiration, die ein Künstler durch die Muse empfängt und die häufig als stürmische Leidenschaft zwischen den Geschlechtern dargestellt wurde, bewirkt hier eine stille Meditation über die Natur der bildlichen Darstellung.

Vermeers Muse verkörpert in gewissem Sinne ›die Verführung des Auges‹, die man der Kunst zusprach. Diese Metapher, die Täuschung und Verführung gleichsetzt, thematisieren zahllose Darstellungen junger Frauen von Dou, van Mieris, Jan Steen und ihren Nachfolgern. Ihre Verführerinnen sprechen entweder die Protagonisten im Gemälde oder männliche Zuschauer außerhalb des Bildes an. Adriaen van der Werff, ein erfolgreicher, begabter Maler aus Rotterdam, suggeriert die Verführungskraft gemalter Haut in seinem Bild *Sarah führt Hagar zu Abraham* sehr deutlich

121 Jan Vermeer. *Die Malkunst (Allegorie der Malerei),* um 1662–1665. Öl auf Leinwand, 130 x 109 cm. Wien, Kunsthistorisches Museum

Vermeer hat dieses Werk nie verkauft, vielleicht, weil er es als vollendetes Zeugnis seiner Kunst zur eigenen Betrachtung oder als Meisterstück für potentielle Kunden in seiner Werkstatt behalten wollte. Ein Jahr nach Vermeers Tod schenkte seine Witwe dieses Bild ihrer Mutter, damit es in der Familie blieb und nicht mit den übrigen Werken verkauft wurde, um die restlichen Schulden des Malers zu begleichen.

122 Adriaen van der Werff. *Sarah führt Hagar zu Abraham,* 1699, 76,3 x 61 cm. Schleißheim, Bayerische Staatsgemäldesammlungen, Staatsgalerie

Abraham wendet die Augen von den verführerischen Reizen Hagars, während er mit Sarah über ihren Vorschlag diskutiert, er solle mit der ägyptischen Sklavin ein Kind zeugen.

(Abb. 122). Die biblische Geschichte erzählt, wie Sarah, die auch im reifen Alter noch keine Kinder geboren hat, ihre ägyptische Sklavin zu ihrem Ehemann Abraham bringt, damit er mit ihr einen Erben zeuge. Hagars schimmernde Nacktheit läßt ahnen, daß der alternde Mann ihren Reizen erliegen wird, was ihn später in einen schrecklichen Zwiespalt bringt, als Sarah Isaak gebärt und sie Abraham bittet, Hagar und ihren Sohn fortzuschicken. Die Atmosphäre verbotenen Kitzels, die solche Darstellungen prägt und die die kalvinistischen Prediger grundsätzlich ablehnten, hat sicherlich ihre Attraktivität gesteigert, obwohl oder gerade weil die dargestellten Frauen letztendlich zweidimensional und leblos sind. Sie bieten Erregung aus zweiter Hand, die man ohne moralische Gefährdung genießen kann, weil sie durch die Funktion der Metapher neutralisiert wird. Wie Dous Quacksalber zeigen die Verführerinnen ihre Kunst vor einem gebildeten Publikum, das sich von den dargestellten stereotypen Opfern verschieden weiß – den einfältigen Bauern oder den lüsternen Liebhabern.

Van der Werffs Gemälde hat eine so glänzende Oberfläche, daß es ›unrealistisch‹ und zu einem äußerst kostbaren Kunstwerk wird. Seinen Preis erzielte ein Gemälde aus dem 17. Jahrhundert niemals wegen seines Inhalts, der Preis wurde vielmehr sogar von der Oberfläche bestimmt. Das Motiv der Uhr in den Stilleben und Genrebildern verweist nicht nur auf die Vergänglichkeit der Zeit und die Fähigkeit des Künstlers, diese für immer anzuhalten, oder, um mit Philips Angels Worten zu sprechen, für »mehrere Jahrhunderte, was ausreicht«. Sie können auch andeuten, wieviel Zeit der Künstler aufwenden mußte, um ein Bild zu vollenden, was sich natürlich auch auf den Preis niederschlug. Durch ihre Themenwahl und die arbeitsintensive Ausführung wurden viele niederländische Gemälde zu erlesenen und kostbaren Waren. In den Stilleben finden sich häufig Edelmetalle und Münzen sowie Blumenarrangements mit den damals neuesten Tulpenzüchtungen. Die Verführerinnen und Prostituierten bieten ihre Dienste freizügig zum Verkauf an, sie tun es den Quacksalbern gleich. Das Bemühen der Künstler, finanzielle Gewinne zu erzielen, bringt das wirtschaftliche Gespür für den im 17. Jahrhundert expandierenden Kunstmarkt zum Ausdruck. Viele Maler, einschließlich Vermeer und van Goyen, handelten nebenbei mit Bildern. Das Malen, um Gewinne auf dem freien Markt zu erzielen, galt den Renaissancetheoretikern als ein unumgänglicher, aber niederer künstlerischer Beweggrund: In der Republik wurde es jedoch zu einem ehrenhaften Ansinnen, nicht zuletzt deshalb, weil es für den Künstler die Freiheit bedeutete, zu malen, was ihm beliebte, und so wurde es bald zu einer etablierten Geschäftsform. An der Außenseite von Samuel van Hoogstratens Guckkasten wird der Gewinn als künstlerische Motivation wie ein Äquivalent von Ruhm und Anerkennung versinnbildlicht. 1621 genierte sich Ambrosius Bosschaert, Kunsthändler und Maler raffinierter Blumenstilleben, nicht, einem Bediensteten des Statthalters eines seiner Meisterwerke anzubieten – und den astronomischen Preis von 1000 Gulden zu verlangen.

Reproduzierbare Individualität: Drucke

Die beliebige Reproduzierbarkeit von Drucken scheint zu verhindern, daß Künstler über ein individuelles Werk zu einer eigenen künstlerischen Identität finden. In der Tat stellte die Reproduktion fremder Kunstwerke in einer den eigenen Stil negierenden Handschrift eine wichtige traditionelle Aufgabe der Drucke dar. Dennoch waren paradoxerweise einige der originellsten niederländischen Künstler vor allem wegen ihrer Drucke populär. Vor dem Zeitalter der Fotografie, die die Entwicklung bebilderter Kunstbücher ermöglichte, waren die Künstler hauptsächlich durch ihre Stiche und Radierungen bekannt.

Noch zu seinen Lebzeiten beruhte Rembrandts beträchtliches Ansehen außerhalb der Niederlande vor allem auf seinen Stichen. Dies hatte er erworben, indem er die eher neutrale Linienführung des Kupferstichs zugunsten komplizierterer Liniengeflechte aufgab, die er bei seinen Experimenten mit dem Kupferstich und der Kaltnadelradierung entwickelt hatte. Um einen Stich herzustellen, bedeckt der Künstler eine Kupferplatte mit einer weichen Harzschicht und zeichnet dann sein Bild mit einer Graviernadel in diese, wobei er das Harz völlig aus den Furchen entfernt, die Platte jedoch nicht ankratzt. Dann wird die Platte in ein Säurebad gelegt, welches das verbleibende Harz nicht angreift, das Kupfer entlang den Ritzlinien jedoch anfrißt. Nachdem die Säure das Bild in die Platte geätzt hat, wird das übrige Harz entfernt, und wenn man die Platte nun mit Druckerschwärze einreibt und durch eine Presse schiebt, entsteht ein Abdruck. Das Harz reagiert auf die Nadel sehr viel sensibler als eine Metallplatte auf den Grabstichel des Graveurs, deshalb erscheinen Kupferstiche freier gezeichnet und wirken durch ihre ›persönlichere‹ Handschrift. Dieser Effekt läßt sich bei der Kaltnadelradierung noch steigern, bei der der Künstler mit einer scharf geschliffenen (kalten) Stahlnadel sein Motiv direkt in die Platte ritzt und ein Teil der Metallspäne beim Ausheben an den Rändern der Furchen stehenbleibt. Diese Grate, die im Abdruck erscheinen, verleihen der Komposition Weichheit und Atmosphäre. Da sie sich jedoch mit jedem Druckvorgang etwas mehr abnutzen, findet sich nur selten ein Druck, der diese Merkmale zeigt. Darüber hinaus variiert der Abdruck der Grate je nach Abzug viel stärker als der der eingeätzten Linien. Rembrandt verstärkte die persönliche Note seiner Darstellungen noch, indem er bei einem einzelnen Druck ver-

123 Rembrandt Harmensz. van Rijn. *Hundertguldenblatt,* um 1642–1649 (Detail aus Abb. 32)

schiedene Techniken miteinander kombinierte oder bei den einzelnen Abzügen die Papierqualität wechselte. Darüber hinaus überarbeitete er seine Platten nach einem oder mehreren Abzügen noch einmal, wodurch mehrere Varianten oder Zustände eines Druckes entstanden. Bereits im 17., vor allem jedoch im 18. Jahrhundert versuchten die Sammler, die unterschiedlichen Zustände oder Abzüge von Rembrandts Druckplatten zu erwerben.

Durch die Drucke machte Rembrandt ein breites Publikum mit seiner vielseitigen, handwerklich anspruchsvollen Technik ebenso vertraut wie mit seiner unkonventionellen Bildsprache. Sein *Hundertguldenblatt* ist eine originelle Neukombination biblischer Motive, deren Umsetzung das gesamte Spektrum von hellen, sauber ausgearbeiteten bis zu tief verschatteten Bildpartien umfaßt (Abb. 123). Zweifellos sagten die virtuose Technik und die sensible

124 Hendrick Goltzius. *Beschneidung in St.Bavo in Haarlem,* 1594. Kupferstich, 47 x 35,5 cm. London, British Museum

religiöse Thematik den meisten Kunstliebhabern zu. Der *Sitzende weibliche Akt* wäre wohl problematischer gewesen (s. Abb. 64). Rembrandt betonte, ja übersteigerte jede Falte und jeden Fettwulst des alternden Fleisches. Indem er die Einschnürungen der Strumpfbänder wiedergab, präsentierte er sein Modell in erster Linie als unbekleidete Frau und weniger als idealisierten Akt und unterstrich so ihren Status als Ateliermodell. Der Kupferstich scheint programmatisch für Rembrandts Arbeitsweise zu sein: Die Nachahmung der Natur, nicht die Kunst, sollte Vorrang haben. Obwohl Rembrandt in den vergangenen Jahrhunderten von den Kritikern wegen dieser bewußten Anti-Idealisierung immer wieder angefeindet worden ist, haben andere Betrachter, vor allem die modernen, diese als Indiz für seine eigenwillige Persönlichkeit angesehen.

Wie immer auch Rembrandts ›wahrer Charakter‹ geartet war, sein Werk, und vor allem seine Drucke sprechen sicherlich für eine solche Interpretation seines Wesens. Seine gestochenen Kompositionen wirken, wie sorgfältig sie auch ausgearbeitet sein mögen, wie die spontanen Skizzen eines Zeichners und verraten nichts von dem mühsamen Handwerk des Kupferstechers. In der Renaissance hatten Kunsttheoretiker und Sammler begonnen, Zeichnungen auch als unmittelbare Umsetzung der ursprünglichen, sehr persönlichen Ideen eines Künstlers zu sehen. Rembrandts Drucke förderten diese Neubewertung der Zeichnung.

125 Hendrick Goltzius. *Ohne Ceres und Bacchus wird Venus kühl,* um 1600–1602. Feder und schwarze Tusche, mit Ölfarbe gehöht, auf Leinwand, 104 x 79 cm. Philadelphia Museum of Art

Der Titel spielt auf das klassische Sprichwort an, daß die Göttin der Liebe durch die Göttin des Korns und den Gott des Weines ›gewärmt‹ wird, oder, einfacher ausgedrückt, daß Wein und nahrhafte Speisen die Liebe anfachen. Obwohl Goltzius Ceres und Bacchus nicht in personam dargestellt hat, wird das Sprichwort durch einen Silen, der Venus Trauben anbietet, und einen Jüngling, der Früchte herbeiträgt, sowie die konkrete Wärme der Fackel des Cupido symbolisiert.

Lange vor Rembrandt und auf fast entgegengesetzte Weise hatte Hendrick Goltzius (1558–1617) seine künstlerische Handschrift in Zeichnungen und Drucken markiert. Seit den 80er Jahren arbeitete Goltzius als innovativer und einflußreicher Kupferstecher in Haarlem, Hollands selbstbewußtestem Kunstzentrum. 1593 und 1594 schuf er eine bemerkenswerte Serie von Nachschöpfungen im Stil berühmter Graphiker und Maler. Die Reihe zeigt *Szenen aus dem Leben der Jungfrau Maria*, das auch das Thema einer berühmten Holzschnitt-Serie von Albrecht Dürer (1471–1528) ist, des ersten Künstlers, dessen Laufbahn vor allem durch seine virtuosen Fähigkeiten als Zeichner geprägt war. Einer der großartigsten Drucke in Goltzius' Zyklus, die *Beschneidung*, wetteifert mit Dürers silbriger Brillanz (Abb. 124). Van Mander erwähnt, daß Goltzius einen der Druckabzüge mit einer künstlichen Patina versah, um die Sammler glauben zu machen, daß Dürer sein Schöpfer sei. Das Selbstbewußtsein, das darin zum Ausdruck kommt, wird durch Goltzius' Selbstbildnis als Zeuge des Geschehens rechts im Hintergrund und die Inszenierung des Ereignisses in der Haarlemer Kirche St. Bavo deutlich. Goltzius schien Dürers nordisches Erbe zu beanspruchen, indem er es nach Haarlem brachte. Sein chamäleonartiges Überstreifen stilistischer Eigenheiten spiegelt sich auch in den von van Mander kolportierten Geschichten, die berichten, daß er es liebte, sich als jemand anderes auszugeben; im wirklichen Leben wie als Künstler scheint Goltzius also die täuschende Nachahmung geschätzt zu haben.

Um 1600 wandte sich Goltzius ganz der Malerei zu. Eines der ersten Ergebnisse war eine verblüffende Nachahmung seines eigenen

graphischen Stils mit den gewundenen Linien und den schraffierten Schatten in einer Federzeichnung, allerdings auf einer mit Ölfarbe grundierten Leinwand, die mit Glanzlichtern in Öl gehöht war (Abb. 125). Van Mander berichtet, daß zunächst ein Maler dieses Werk besaß, daß es jedoch bald von Kaiser Rudolf II. gekauft wurde, der es Kennern vorführte, die die Kunstfertigkeit der Arbeit bewundern sollten. Diese Beschreibung läßt vermuten, daß selbst ein so gekünsteltes Mischwerk das Auge verführen konnte, zwar nicht durch seinen Verismus, aber durch seine der Überlieferung trotzenden technische Kühnheit. In diesem Bild geht es in der Tat um Verführung, denn ein Silen, der klassische Wüstling, bietet der nackten Venus Weintrauben an. Sie hat die Arme um ihren Sohn Cupido gelegt, dessen Bogen und Köcher hinter seinem Rücken zu sehen sind. In zeitgenössischen Gedichten wurde die Wirkung, die eine schöne Frau auf den männlichen Betrachter hat, häufig mit den spitzen Pfeilen verglichen, die Cupido aussendet, um die Liebe zu entfachen. Die brennende Fackel des Cupido ermöglichte Goltzius, seine Meisterschaft bei der von den Theoretikern als schwierig erachteten Darstellung von Sujets wie Feuer, Rauch und Lichtreflexen auszuspielen.

Dieses kunstvolle Bild thematisiert also die Liebe, die die Schaffenskraft des Künstlers anstacheln sollte, die Liebe, die, gemäß van Mander und van Hoogstraten, eine der drei Grundmotivationen des Kustschaffens darstellt. Mit seinem persönlichen Wahlspruch »Ehre vor Gold«, einem Wortspiel mit seinem eigenen Namen, machte Goltzius deutlich, daß er sich auch der beiden anderen Facetten der Triade bewußt war. Doch wie sehr er seine Kunst auch aus Liebe und wegen der Ehre schätzte, ihre finanziellen Vorteile verschmähte er durchaus nicht. So berichtet van Mander, daß Goltzius sich mit der Fertigstellung seiner Serie über das Leben der Jungfrau sehr beeilte, um sie zur Messe nach Frankfurt zu schicken, einer wichtigen, zweimal jährlich stattfindenden Börse, die den Graphikern eine Möglichkeit bot, ihre Arbeiten zu verkaufen und ihren Bekanntheitsgrad zu vergrößern. Darüber hinaus bezog Goltzius auch ein Einkommen als selbständiger Verleger, und wegen seines Interesses an Metamorphosen und Gold fiel er gegen Ende seines Lebens auf einen Alchimisten herein.

Vor dem Hintergrund der jüngsten sozio-historischen Forschungen zur niederländischen Bildkultur hat dieses Buch versucht zu erläutern, wie Kunstwerke an den Auseinandersetzungen über oftmals widersprüchliche Belange innerhalb der Republik Anteil nahmen, ob es nun um politische Vorherrschaft oder religiöse Dogmen oder um Haushaltsführung und persönliche Identität ging. Die Formulierung solcher Positionen oder Ideale mag häufig verhältnismäßig unabhängig von der künstlerischen Intention erscheinen. Dennoch brachten die Künstler Gedanken und Argumente in eine bestimmte bildliche Form, und viele scheinen sich dieser Aufgabe sehr wohl bewußt gewesen zu sein. Eine Synopsis der Kunst des 17. Jahrhunderts kann deshalb die künstlerische

Zielsetzung nicht ignorieren, wie unbewußt sie auch gewesen sein mag. Die Methoden zu untersuchen, mit denen Künstler schöpferische Identität aufbauten und damit gleichzeitig auch Autorität über die möglichen Interpretationen ihrer Werke gewannen, kann auch die Entwicklung der Vorstellung vom eigenen künstlerischen Selbst in der frühen Moderne klären helfen. Die Rückbezüge der Maler auf sich selbst machen deutlich, was es im 17. Jahrhundert bedeutete, ein individuell schaffender und in einem bestimmten geographischen Raum tätiger Künstler zu sein, und sie halfen ihnen, ihre berufsständische Identität zu definieren.

Zwischen dem Ende des 16. und dem Beginn des 18. Jahrhunderts bewältigten die Sieben Vereinigten Provinzen eine beispiellose politische Unsicherheit und formierten sich zu einer Republik mit einer durch den Handel aufblühenden Wirtschaft, um die man die Niederlande in ganz Europa beneidete. Obwohl die politische Revolte hauptsächlich vom Adel angeführt worden war, verdankte sie ihren Erfolg dem religiösen Eifer der Führer der reformierten Kirche und der tatkräftigen Unterstützung der Städte, in denen eine breite bürgerliche Schicht von einer Führungsschicht mit hauptsächlich kaufmännischen Interessen regiert wurde. Die häufigen Konflikte zwischen Staat und Kirche, adeligen Statthaltern und den städtischen Regenten machen deutlich, daß politische Macht in der Republik, die keinen Alleinherrscher wie beispielsweise den spanischen König hatte, nicht selbstverständlich war. Im Verlauf des 17. Jahrhunderts erwuchs der regierenden Elite jedoch eine noch nie dagewesene Macht, vor allem, als der Westfälische Friede von 1648 das vormals notwendige Amt des Statthalters eigentlich überflüssig machte. In den Städten kontrollierten die Regentenfamilien die politischen Ämter, ohne daß ihnen dabei größerer Widerstand von den Bürgern entgegengesetzt wurde, und in den Provinzialversammlungen oder den Generalstaaten überwogen sie den Landadel zahlenmäßig bei weitem. Als wollten sie ihre politische Machtübernahme verkünden, erwarben die Regenten seit den ersten Jahrzehnten des 17. Jahrhunderts immer mehr Titel und kauften Landsitze; dieser Prozeß der Aristokratisierung erreichte die städtische Führungsschicht jedoch erst nach 1650, als sich durch die Aussetzung des Statthalteramtes die Macht schließlich in den Händen der Regenten konzentrierte. Von diesem Zeitpunkt an mußten sich die Regenten nicht länger als eine von der Aristokratie verschiedene Klasse betrachten, die mit ihren inneren Werten einen eigenen Adel besaß, sondern sie waren vor allem darum bemüht, sich selbst von den unteren Schichten des städtischen Bürgertums abzusetzen. Da die Wahl Wilhelms III. zum

126 Joachim Wtewael. *Mars und Venus werden ertappt,* um 1603–1604 (Detail aus Abb. 66)

127 Esaias van de Velde.
Das Fährboot, 1622
(Detail aus Abb. 14)

Statthalter im Jahr 1672 von den städtischen Regenten unterstützt worden war, griff die Wiedereinsetzung des Amtes nicht in ihr Machtgefüge ein.

Die verschiedenen Kunstgattungen und Darstellungsweisen, die sich in der Republik finden, illustrieren, wenn auch stets indirekt, die häufig widersprüchlichen Interessen der verschiedenen sozioökonomischen, politischen und religiösen Gruppierungen. In den letzten beiden Jahrzehnten des 16. Jahrhunderts zogen etwa 200 Künstler aus wirtschaftlichen, vor allem jedoch aus religiösen Gründen aus den südlichen Niederlanden in die Republik. Sie führten Bildgattungen ein, die ursprünglich in Antwerpen entstanden waren, und entwickelten sie weiter, dazu gehörten Bauerndarstellungen und vornehme Genreszenen (s. Abb. 45), konventionelle, minuziös ausgeführte Landschaftsbilder, vornehme Porträts (s. Abb. 10) und vor allem mythologische Szenen in einem eleganten, manieristischen Stil (Abb. 126). Diese Bildgattungen wurden von den meisten adeligen Sammlern geschätzt, darunter auch Kaiser Rudolf II. In den nördlichen Niederlanden sammelten städtische Institutionen, Kaufleute und hohe Beamte diese ›modernen‹ Bilder mit Begeisterung, vielleicht wurden sie besonders wegen ihrer Widerspiegelung höfischen Geschmacks geschätzt.

Als die Republik durch den Zwölfjährigen Waffenstillstand jedoch größere Sicherheit gewann, traten die Interessenskonflikte zwischen den städtischen Kaufleuten, der mittelständischen reformierten Führungsschicht und den Statthaltern aus dem Haus Oranien, die sich auf ihre dynastischen Rechte beriefen, offener zutage. Diese Entwicklung spiegel sich indirekt in den neuen Bildtypen, die in den 10er und 20er Jahren in Amsterdam, Haarlem und Leiden, den wichtigsten holländischen Handelsstädten, entstanden. Es waren nicht nur farbenfrohe Dekorationsstücke oder Meditationen über Gottes Schöpfung, sondern die scheinbar unprätentiösen Landschaften von Claes Jansz. Visscher, Esaias van de Velde (Abb. 127) und Jan van Goyen, die in einer neuen, skizzenhaften, weniger arbeitsintensiven Technik ausgeführt sind, förderten auch ein Gefühl für die heimische Umgebung als undramatisch, aber fruchtbar, als rechtmäßiger Besitz eines Volkes, das sich an bürgerlichen Werten wie harter Arbeit und einem bescheidenen, aber gottesfürchtigen Leben orientierte. Die ausgelassenen Gesellschaften Willem Buytewechs und anderer Künstler (s. Abb. 88), die ebenfalls flüssiger gemalt sind als die traditionellen Genrebilder, boten die Möglichkeit, die höfische Mode zu bestaunen oder moralische Urteile über das wenig produktive Feiern von Festen zu fällen und so die Vergnügungen des Adels zu kritisieren. Die Porträts der Regenten unterschieden sich in den ersten drei Jahrzehnten des 17. Jahrhunderts deutlich von denen der Aristokraten. Ihre in gedeckten Farben gehaltene Kleidung und der unprätentiöse Bildaufbau verweisen auf einfache bürgerliche Werte wie eheliche Liebe oder wirtschaftliches Verantwortungsbewußtsein. Sie implizieren darüber hinaus ein eher zugängliches als ein herrschaftlich abgehobenes Dasein (Abb. 99, 100).

128 Willem van Aelst.
Jagdstilleben, um 1665
(Detail aus Abb. 103)

129 Frans Hals. *Das Bankett der Offiziere der Bürgerwehrkompanie St.Georg zu Haarlem,* 1616 (Detail aus Abb. 107)

Die malerischen Innovationen, die mit diesen Bildtypen verbunden waren, gestatteten eine schnellere und preiswertere Produktion, so daß man mit der wachsenden Nachfrage Schritt halten konnte, als weite Kreise einer zu Wohlstand gekommenen Mittelschicht in der Lage waren, sich Gemälde zu kaufen. Gleichzeitig spiegeln sich seit den 40er Jahren, als neue Bildformen auftauchten, die aufwendiger waren oder aristokratische Ambitionen verrieten, die Bemühungen der Regenten, die sich zunehmend aus den kaufmännischen Unternehmungen zurückzogen, sich deutlicher vom niederen städtischen Bürgertum abzugrenzen. Die städtische Elite begann, mit Begeisterung Schäferidyllen zu sammeln, und ihre Porträts orientierten sich nun an internationalen aristokratischen Vorbildern (Abb. 102). Die Sammler in Amsterdam bevorzugten monumentale, sorgfältig ausgeführte Landschaftsdarstellungen (s. Abb. 52, 72, 74) und detailreiche Jagdszenen (Abb. 128). In Leiden, wo sich die Regenten seit jeher weniger im Geschäftsleben engagierten als in anderen Städten, schätzte man eine fast übersteigerte Feinheit. Dieser manieristische Stil wurde später besonders von adeligen Mäzenen in ganz Europa geschätzt, die Maler wie Adriaen van der Werff hofierten (s. Abb. 96, 122). Die makellosen Interieurs von Vermeer und de Hooch, die in Delft entstanden, konnten sich nur Sammler aus der oberen Mittelschicht leisten, von denen viele eher Investoren als tätige Kaufleute waren.

Wie eifrig die Regenten sich auch Züge einer aristokratischen Identität aneigneten, sie vergaßen niemals die Basis ihrer Macht in den Städten. Das Rathaus von Amsterdam (Abb. 113), ein großartiges Machtsymbol der Regenten, wurde in einem klassizistischen Stil, der ursprünglich für die Häuser der Adeligen charakteristisch war, gebaut (s. Abb. 114); mit seiner strengen Pracht überflügelte es solche Gebäude jedoch. Die neuen monumentalen ebenso wie die kleinteilig ausgeführten Stadtansichten feierten die Städte als harmonische und stabile Gemeinwesen.

Die beeindruckende malerische Darstellung der aktuellen politischen Situation und des wachsenden Wohlstandes der Republik als der angemessene, natürliche Status der Sieben Vereinigten Provinzen war hauptsächlich für die Sehweise des 18. Jahrhunderts verantwortlich, welches das 17. als das Goldene Zeitalter betrachtete. Als Houbrakens Künstlerbiographien erschienen, hatten die Schriftsteller bereits begonnen, die ehemals blühende Republik als einen Staat im Niedergang zu betrachten. Obwohl die Definition und die zeitliche Bestimmung dieses Niederganges noch immer diskutiert werden, erlebte die Republik im 18. Jahrhundert eine schwindende Bedeutung im Handel, zermürbende politische Auseinandersetzungen und eine Schwächung der aristokratischen Käuferschicht. Während die Sammler des 17. Jahrhunderts im allgemeinen die zeitgenössische Kunst den Werken aus früherer Zeit vorgezogen hatten, schätzte man im 18. Jahrhundert die Gemälde aus dem Goldenen Zeitalter, die die Republik in einem reicheren, vermeintlich glücklicheren Zustand präsentierten.

	Politik und Wirtschaft	Drucke und Bücher
1585-1608 Von der Eroberung Antwerpens bis zur Beginn des Zwölfjährigen Waffenstillstands	1585 Antwerpen wird für die Spanischen Niederlande zurückerobert Exodus der Protestanten in den Norden Niederländische Blockade der Schelde 1588 Moritz von Oranien wird Statthalter Sieg der anglo-niederländischen Truppen über die spanische Armada 1602 Gründung der Ostindischen Handelskompanie 1607 Sieg der Niederländer über die spanische Flotte bei Gibraltar 1608 Gründung der Börse in Amsterdam	1594 Hendrick Goltzius: Kupferstiche zum Marienleben 1600 Hendrick Vroom: Kupferstich *Landung bei Philippine* im Auftrag der Generalstaaten 1603 Jacob de Gheyn II. u.a.: Holzschnitt *Die Segelwagen* 1604 Karel van Mander: *Schilder-Boeck*, Handbuch und Geschichte der Malerei 1605 Jan van de Velde: *Spieghel der Schrijfkonste*, Handbuch der Schreibkunst 1607 Jacob de Gheyn II.: *Wapenhandelinghe*, Handbuch der Waffenkunde
1609-1648 Vom Zwölfjährigen Waffenstillstand bis zum Westfälischen Frieden	1609 Verkündung des Zwölfjährigen Waffenstillstands zwischen der Republik der Niederlande und den Spanischen Niederlanden 1618/19 Kalvinistische Synode von Dordrecht Gründung der niederländischen Kolonie Batavia (heute Djakarta) 1621 Ende des Zwölfjährigen Wafenstillstands Gründung der Westindischen Handelskompanie 1625 Tod Moritz' von Oranien; sein Halbbruder Friedrich Heinrich wird Statthalter 1629 Friedrich Heinrich erobert die katholische Grenzstadt 's-Hertogenbosch 1630-54 Die Niederländer erwerben Besitzungen in Nordost-Brasilien 1637-44 Johann Moritz von Nassau-Siegen wird Generalgouverneur der brasilianischen Besitzungen 1647 Tod von Friedrich Heinrich; sein Sohn Wilhelm wird Statthalter 1648 Westfälischer Friede: offizielle Anerkennung der Republik der Niederlande	1609-21 Claes Jansz. Visscher: *Leo Belgicus*, Landkarte 1611 Claes Jansz. Visscher: Kupferstiche *Liebliche O* 1615 Pieter Cornelisz. Hooft: *Granida* 1624 Johan de Brune: Emblemata mit Kupferstiche von Adriaen van de Venne 1625 Jacob Cats: *Houwelick*, Abhandlung über die Ehe mit Kupferstichen von A. van de Venne 1635 Adriaen van de Venne: *Tafereel van de Belacchende Werelt (Szenen aus einer lächerlichen Welt)* 1637 Veröffentlichung der *Staatenbibel* im Auftrag d Generalstaaten 1641 Philips Angels Rede *Lob der Malerei* in Leiden, veröffentlicht 1642 1642 Pieter Cornelisz. Hooft: *Nederlandsche Historie* 1644 Cesare Ripa: Niederländische Ausgabe der *Iconologia* 1648 Veröffentlichung der *Historia Naturalis Brasili* um 1640 Rembrandt: *Hundertguldenblatt*
1649-1672 Vom Westfälischen Friedenbis zum Ende der statthalterlosen Zeit	1649/50 Wilhelm II. in Auseinandersetzungen mit den Generalstaaten und Amsterdam 1650 Tod Wilhelms II.; Geburt Wilhelms III. 1651 Abschaffung der Statthalterschaft in fünf Provinzen 1652 Gründung einer Kolonie am Kap der Guten Hoffnung in Afrika 1652-54 Erster Englisch-Niederländischer Krieg Siedlung am Kap der Guten Hoffnung 1653 Johan de Witt wird Führer der Republik 1665-67 Zweiter Englisch-Niederländischer Krieg 1672 Französischer Angriff auf die Republik Ermordung von Johan und Cornelis de Witt Wilhelm III. wird Statthalter 1672/73 Sieg über die französischen Truppen 1672-74 Dritter Englisch-Niederländischer Krieg	1651 Constantijn Huygens: *Hofwyck*, lyrisches Gedicht über sein Landhaus 1659 Joost van den Vondel: Widmungsgedicht für das Amsterdamer Rathaus
1673-1718 Vom Ende der statt- halterlosen Zeit bis Arnold Houbraken	1677 Wilhelm III. heiratet Maria, die Tochter Jakobs II. 1685 Revokation des Toleranzedikts von Nantes durch Ludwig XIV. Auswanderung der protestantischen Flüchtlinge in die Republik der Niederlande 1689 Wilhelm (William) III. und Maria II. folgen Jakob II. auf den englischen Thron 1702 Tod Wilhelms III.; Beginn der zweiten statthalterlosen Epoche	1678 Samuel van Hoogstraten: *Inleyding tot de Hooge Schoole der Schilderkonst*, Über die Malerei 1684 *'t Amsterdams Hoerdom*, satirischer Bordellführ 1705 Maria Sibylla Merian: *Metamorphosis Insectoru Surinamensium* 1707 Gerard de Lairesse: *Groot Schilderboeck*, ausführliche Abhandlung über die Malerei 1718-21 Arnold Houbraken: *Groote Schouburg*, Biographien niederländischer Künstler

Malerei und Skulptur	Architektur und Bauprojekte
1599-1602 Hendrick Goltzius: *Ohne Bacchus und Ceres wird Venus kühl* 1593 Cornelis van Haarlem: *Die Hochzeit von Peleus und Thetis* 1603/04 Joachim Wtewael: *Mars und Venus werden ertappt* 1604 Jacob de Gheyn: Naturstudien auf Pergament für Rudolf II. 1601-10 David Vinckboons: Mehrere Bauerngeschichten	1585, 1593 Erweiterung der Wohnbezirke in Amsterdam 1593 Clusius wird Leiter des neuen Botanischen Gartens in Leiden 1607-12 Trockenlegung des Beemster-Sees bei Amsterdam
1610-13 Skulptierter Lettner für die Johannes-Kathedrale von 's-Hertogenbosch 1614 Adriaen van de Venne: *Die Menschenfischer* Hendrick de Keyser beginnt mit den Arbeiten am Grabmal Wilhelms I. in Delft 1624 Frans Hals: *Der lachende Kavalier* 1625 Hendrick Terbrugghen: *Der hl. Sebastian* 1635 Vier ländliche Szenen von Abraham Bloemaert, Dirck van der Lisse u.a. für den Hof des Statthalters 1637-44 Frans Post und Albert Eckhout reisen nach Brasilien, um dort Landschaft, Bewohner und Tierwelt zu malen 1642 Rembrandt Harmensz. van Rijn: *Die Nachtwache* 1645 Rembrandt Harmensz. van Rijn: *Bildnis des Jan Six* 1647 Paulus Potter: *Der junge Bulle*	1609-72 Geplante Erweiterung Amsterdams durch ein System konzentrischer Kanäle 1611 Hendrick de Keyser: Gebäude für die 1608 gegründete Amsterdamer Börse 1612-40 Großflächige Neulandgewinnung in der Provinz Holland 1613 Lieven de Key: Turm der Nieuwe Kerk in Haarlem 1620 Hendrick de Keyser: Rathaus von Delft 1620-31 Hendrick de Keyser: Westerkerk in Amsterdam 1633-44 Jacob van Campen und Pieter Post: Mauritshuis in Den Haag 1647-55 Jacob van Campen: Rathaus von Amsterdam
1648-50 Dekoration des Oranjezaal im Huis ten Bosch in Den Haag in Erinnerung an Friedrich Heinrich 1650 Gerard Houckgeest: *Die Nieuwe Kerk in Delft mit dem Grabmal Wilhelms I.* 1652 Gerard Dou: *Der Quacksalber* 1655-97 Skulpturen und Gemälde für das Amsterdamer Rathaus 1660-65 Jan Vermeer: *Ansicht von Delft* 1662 Samuel van Hoogstraten: *Blick in einen Korridor* 1663 Jan Steen: *Verkehrte Welt* 1665-70 Jan Vermeer: *Die Malkunst (Allegorie der Malerei)*	1663 Amsterdam: Katholische Kirche Unseres Herrn um 1667 Haus in der Rapenburg 6 in Leiden 1670/90 Petronella Oortmans-de la Courts Puppenhaus
um 1670 Jacob van Ruisdael: *Die Mühle von Wijk bij Duurstede* 1686 Willem van de Velde II.: *Die ›Gouden Leeuw‹ vor Amsterdam* 1687 Adriaen van der Werff: *Kinder vor einer Herakles-Gruppe* um 1690 Ludolf Backhuysen: *Kenternde Schiffe im Sturm* 1712 Jan van der Heyden: *Zimmerecke mit Raritätensammlung*	1682 Gründung des Botanischen Gartens von Amsterdam 1686-92 Bau und gartenarchitektonische Gestaltung des Landsitzes Het Loo für Wilhelm III. und Maria II.

Bibliographie

Einleitung: Eine Einladung zum Schauen

Allgemeine Darstellungen:

Ben Broos et al., Great Dutch Paintings from America, Ausstellungskatalog Den Haag, Mauritshuis/The Fine Arts Museums of San Francisco 1990

Bob Haak, Das Goldene Zeitalter der holländischen Malerei, Köln 1984

Wouter Th. Kloek et al., Dawn of the Golden Age: Northern Netherlandish Art 1580–1620, Ausstellungskatalog Amsterdam, Rijksmuseum, 1993

Sheila D. Muller (Hrsg.), Dutch Art from c. 1475 to 1990: An Encyclopedia, New York 1996

Harald Olbrich und Helga Möbius, Holländische Malerei des 17. Jahrhunderts, Leipzig 1990

Arthur K. Wheelock, Jr., Vermeer and the Art of Painting, New Haven 1995

Jan Steen:

Berthold Hinz, Das Familienbildnis des J. M. Molenaer in Haarlem: Aspekte zur Ambivalenz der Porträtfunktion, Städel-Jahrbuch 4, 1973, 207ff.

Peter C. Sutton, Pieter de Hooch, Oxford 1980

Mariët Westermann, How Was Jan Steen Funny? Strategies and Functions of Comic Painting in the Seventeenth Century, in: J. P. Bremmer und H. Roodenburg, A Cultural History of Humour from Antiquity to the Present, Cambridge 1996

Arthur K. Wheelock, Jr., et al., Jan Steen, Ausstellungskatalog Washington, DC, National Gallery of Art/ Amsterdam, Rijksmuseum 1996

1. Kapitel: Herstellung und Vertrieb von Gemälden

Politik, Wirtschaft und Sozialgeschichte:

C. R. Boxer, The Dutch Seaborne Empire 1600–1800, London 1965

Gerhard Brendler, Die Revolution der Niederlande 1566 bis 1579, in: M. Kossok (Hrsg.), Revolutionen der Neuzeit 1500–1917, Berlin 1982, 35ff.

A. Th. van Deursen, Plain Lives in a Golden Age: Popular Culture, Religion and Society in Seventeenth-Century Holland, Cambridge 1991

Pieter Geyl, The Netherlands in the Seventeenth Century 1609–1648, London 1961

Jonathan I. Israel, Dutch Primacy in World Trade 1585–1740, Oxford 1989

Geoffrey Parker, The Dutch Revolt, überarbeitete Auflage, London 1985

H. H. Rowen, The Princes of Orange: The Stadholders in the Dutch Republic, Cambridge 1988

S. Schama, Überfluß und schöner Schein: Zur Kultur der Niederlande im Goldenen Zeitalter, München 1988

T. Wittmann, Das Goldene Zeitalter der Niederlande, Leipzig 1975

Paul Zumthor, Daily Life in Rembrandt's Holland, London 1962

Herstellung und Vertrieb von Gemälden:

Ellinoor Bergvelt et al., De wereld binnen handbereik: Nederlandse kunst- en rariteitenverzamelingen, 1585–1735, Ausstellungskatalog und Aufsatzsammlung, Amsterdams Historisch Museum, 1992

Alan Chong, The Market for Landscape Painting in the Seventeenth-Century Holland, in: Peter C. Sutton, Masters of Seventeenth-Century Dutch landscape Painting, Ausstellungskatalog Amsterdam, Rijksmuseum/ Boston, Museum of Fine Arts/Philadelphia Museum of Art 1987, 104ff.

Hanns Floerke, Studien zur niederländischen Kunst- und Kulturgeschichte: Die Formen des Kunsthandels, das Atelier und die Sammler in den Niederlanden vom 15.–18. Jahrhundert, München/Leipzig 1905

Roelof van Gelder et al., Een wereldreiziger op papier: De atlas van Laurens van der Hem (1621–1678), Ausstellungskatalog Amsterdam, Königspalast, 1992

Alison McNeil Kettering, The Dutch Arcadia: Pastoral Art and Its Audience in the Golden Age, Montclair, N.J., 1983

Els Kloek et al. (Hrsg.), Women of the Golden Age: An International Debate on Women in Seventeenth-Century Holland, England and Italy, Hilversum 1994

Anne-Marie S. Logan, The 'Cabinet' of the Brothers Gerard and Jan Reynst, Amsterdam/New York 1979

John Loughman, Aert Teggers, a Seventeenth-Century Dordrecht Collector, The Burlington Magazine 133, 1991, 532ff.

Neil de Marchi and Hans J. van Miegroet, Art, Value, and Market Practices in the Netherlands in the Seventeenth Century, The Art Bulletin 76, 1994, 451ff.

W. Martin, The Life of a Dutch Artist in the Seventeenth Century, The Burlington Magazine 7, Apr.–Sept. 1905, 125ff. und 416ff.; 8, Okt. 1905–März 1906), 13ff.; 10, Okt. 1906–März 1907, 144ff.; 10, Okt. 1906–März 1907, 363ff.; 11, April–September 1907, 357ff.

John Michael Montias, Artists and Artisans in Delft : A Socio-Economic Study of the Seventeenth Century, Princeton 1982

ders., Cost and Value in Seventeenth-Century Dutch Art,

Art History 10, 1987, 455ff.
ders., Art Dealers in the Seventeenth-Century Netherlands, Simiolus 19, 1989, 244ff.
ders., Works of Art in Seventeenth-Century Amsterdam. An Analysis of Subjects and Attributions, in: David Freedberg and Jan de Vries (Hrsg.), Art in History/History in Art: Studies in Seventeenth-Century Dutch Culture, Santa Monica 1991, 331ff.
Hanna Peter-Raupp, Die Ikonographie des Oranjezaal Hildesheim/New York 1980
Ad van der Woude, The Volume and Value of Paintings in Holland at the Time of the Dutch Republic, in: Art in History/History in Art (a.a.O.) 284ff.

Rembrandt:
Svetlana Alpers, Rembrandt's Enterprise: The Studio and the Market, Chicago 1988
Josua Bruyn et al., A Corpus of Rembrandt Paintings, 3 Bde., Den Haag u.a., 1982–1989, wird fortgesetzt
S. A. C. Dudok van Heel, Rembrandt van Rijn: Ein Malerbild im Wandel, in: Christopher Brown et al., Rembrandt, der Meister und seine Werkstatt: Gemälde, Ausstellungskatalog Berlin, Altes Museum/Amsterdam, Rijksmuseum/London, National Gallery, 1991, 50ff.
Bob Haak, Rembrandt, Köln 1969
Gary Schwartz, Rembrandt, Stuttgart 1987
Christian Tümpel, Rembrandt: Mythos und Methode, Königstein 1986

2. Kapitel: Wort und Bild
Kalvinismus, die Bedeutung des Wortes, Ikonoklasmus:
David Freedberg, The Hidden God: Image and Interdiction in the Netherlands in the Sixteenth Century, Art History 5, 1982, 133ff.
ders., Art and Iconoclasm, 1525–1580, in: J. P. Filedt Kok et al., Kunst voor de Beeldenstorm: Noordnederlandse Kunst 1525–1580, Ausstellungskatalog Amsterdam, Rijksmuseum, 1986
Gary Schwartz and Marten Jan Bok, Pieter Saenredam: The Painter and His Time, London 1990
Christian Tümpel, Die Reformation und die Kunst der Niederlande, in: Luther und die Folgen für die Kunst, Ausstellungskatalog Hamburger Kunsthalle 1983, 309ff.
ders., Rembrandt, Königstein 1984
Mariët Westermann, A Monument for Roma Belgica: Functions of the Oxaal at 's-Hertogenbosch, Nederlands Kunsthistorisch Jaarboek 45, 1994, 382ff.

Text und Illustration in der Republik der Niederlande:
Lawrence Otto Goedde, Tempest and Shipwreck in Dutch and Flemish Art: Convention, Rhetoric, and Interpretation, University Park/London 1989
Stephen J. Greenblatt, Marvelous Possessions: The Wonder of the New World, Oxford/Chicago 1991, 9ff., 191f.
Walter S. Melion, Shaping the Netherlandish Canon: Karel van Mander's Schilder-Boeck, Chicago/London 1991
Walter S. Melion, Memory and the Kinship of Writing and Picturing in the Early Seventeenth-Century Netherlands, Word and Image 8, 1992, 48ff.
Ernst Friedrich von Monroy, Embleme und Emblembücher in den Niederlanden 1560–1630, Utrecht 1964
Martin Royalton-Kisch, Adriaen van de Venne's Album in the Department of Prints and Drawings of the British Museum, London 1988
Sabine Schulze et al., Leselust: Niederländische Malerei von Rembrandt bis Vermeer, Ausstellungskatalog Frankfurt, Kunsthalle, 1993
M. A. Schenkeveld, Dutch Literature in the Age of Rembrandt: Themes and Ideas, Philadelphia 1991
Herman Vekeman und Justus Müller Hofstede (Hrsg.), Wort und Bild in der niederländischen Kunst und Literatur des 16. und 17. Jahrhunderts, Erftstadt 1984
Mariët Westermann, Rhetoricians' chambers, artists, and art in the 16th and 17th centuries, in: Dutch Art: An Encyclopedia (s. 1. Kapitel)

Gattungen von Literatur und Kunst:
Albert Blankert et al., Gods, Saints and Heroes: Dutch Painting in the Age of Rembrandt, Ausstellungskatalog Washington, D.C., National Gallery of Art/The Detroit Institute of Arts/Amsterdam, Rijksmuseum, 1980
Konrad Renger, Adriaen Brouwer und das niederländische Bauerngenre 1600–1660, München 1984
Eric Jan Sluijter, De 'heydensche fabulen' in de Noordnederlandse schilderkunst circa 1590–1670, Leiden 1986

3. Kapitel: Der Schein der Wirklichkeit
›Realismus‹:
Roland Barthes, The Reality Effect, in: The Rustle of Language, New York 1986, 141ff.
Norman Bryson, Vision and Painting: The Logic of the Gaze, New Haven 1983
Nelson Goodman, Languages of Art: An Approach to a Theory of Symbols, 2. Aufl., Indianapolis 1976
Bryson und Goodman setzen sich auseinander mit: Ernst Gombrich, Art and Illusion: A Study in the Psychology of Pictorial Representation, Princeton 1960

Techniken des Realismus:
Hans-Ulrich Beck, Jan van Goyen, 1596–1656: Ein

Œuvreverzeichnis, 4 Bde., Doornspijk 1987–1991
Christopher Brown, Carel Fabritius: Complete Edition with a Catalogue Raisonné, Oxford 1981
Celeste Brusati, Artifice and Illusion: The Art and Writing of Samuel van Hoogstraten, Chicago 1995
Hans Jantzen, Das niederländische Architekturbild, 2. Aufl., Braunschweig 1979
Walter A. Liedtke, Architectural Painting in Delft: Gerard Houckgeest, Hendrik van Vliet, Emanuel de Witte, Doornspijk 1982
I. Q. van Regteren Altena, Jacques de Gheyn: Three Generations, 3 Bde., Den Haag/Boston/London 1983
Peter Schatborn, Dutch Figure Drawings from the Seventeenth Century, Ausstellungskatalog Amsterdam, Rijksprentenkabinet/Washington, D.C., National Gallery of Art, 1981
Arthur K. Wheelock, Jr., Perspective, Optics and Delft Artists around 1650, New York/London 1977

Interpretation des malerischen Realismus:
Svetlana Alpers, Realism as a Comic Mode: Lowlife Painting Seen through Bredero's Eyes, Simiolus 8, 1975–1976, 115ff.
dies., Kunst als Beschreibung: Holländische Malerei des 17. Jahrhunderts, Köln 1985
Jan Bialostocki, Einfache Nachahmung der Natur oder symbolische Weltschau: Zu den Deutungsproblemen der holländischen Malerei des 17. Jhdt., Zeitschrift für Kunstgeschichte 47, 1984, 421ff.
Edwin Buijsen und Louis Peter Grijp, Music and Painting in the Golden Age, Ausstellungskatalog Den Haag, Hoogsteder and Hoogsteder Gallery, 1994
David Freedberg, Science, Commerce, and Art: Neglected Topics at the Junction of History and Art History, in: Art in history/History in art 1991 (s. 1. Kap.), 376ff.
Peter Hecht, De Hollandse fijnschilders: Van Gerard Dou tot Adriaen van der Werff, Ausstellungskatalog Amsterdam, 1989; s. auch: The Debate on Symbol and Meaning in Dutch Seventeenth-Century Art: An Appeal to Common Sense, Simiolus 16, 1986, 173ff.
Eddy de Jongh, Grape symbolism in painting of the 16th and 17th century, Simiolus 7, 1974, 166ff.
ders., Some notes on interpretation, in: Art in History/History in Art (s. 1. Kap.), 118ff.
ders. et al., Still-Life in the Age of Rembrandt, Ausstellungskatalog Auckland City Art Gallery 1982
Gerhard Langemeyer et al., Stilleben in Europa, Ausstellungskatalog Münster, Westfälisches Landesmuseum für Kunst und Kulturgeschichte/Baden-Baden, Staatliche Kunsthalle, 1979
H. Miedema, Over het Realisme in de Nederlandse Schilderkunst van de Zeventiende Eeuw, Oud Holland 89, 1975, 2ff.
Wolfgang J. Müller et al., Die Sprache der Bilder: Realität und Bedeutung in der niederländischen Malerei des 17. Jahrhunderts, Ausstellungskatalog Braunschweig, Herzog Anton Ulrich-Museum, 1978
Hans-Joachim Raupp, Ansätze zu einer Theorie der Genremalerei in den Niederlanden im 17. Jahrhundert, Zeitschrift für Kunstgeschichte 46, 1983, 401ff.
Norbert Schneider, Zeit und Sinnlichkeit: Zur Soziogenese der Vanitassymbolik und des Illusionismus, Kritische Berichte 8, Nr. 4/5, 1980, 8ff.
Eric J. Sluijter, Didactic and Disguised Meanings? in: Art in history/History in art 1991 (s. 1. Kap.), 175ff.
ders. et al., Leidse fijnschilders van Gerrit Dou tot Frans van Mieris de Jonge 1630–1760, Ausstellungskatalog Leiden, Stedelijk Museum de Lakenhal, 1988
Paul Taylor, Dutch Flower Painting, New Haven 1995

Alternativen zum Realismus:
Albert Blankert et al., Holländische Malerei in neuem Licht: Hendrick ter Brugghen und seine Zeitgenossen, Braunschweig, Herzog Anton-Ulrich Museum, 1987
Renate Trnek, Die Niederländer in Italien: Italianisante Niederländer des 17. Jahrhunderts aus österreichischem Besitz, Ausstellungskatalog Salzburg, Residenzgalerie/Wien, Akademie der bildenden Künste, 1986

4. Kapitel: Die niederländische Weltanschauung

Mythen als Interpretationshilfen:
Roland Barthes, Mythologies, New York 1972
Marina Warner, Managing Monsters: Six Myths of Our Time, London 1994

Historische niederländische Mythen:
Christian Tümpel et al., Im Lichte Rembrandts: Das Alte Testament im Goldenen Zeitalter der niederländischen Kunst, Ausstellungskatalog Amsterdam, Joods Historisch Museum/Münster, Westfälisches Landesmuseum für Kunst und Kulturgeschichte, 1994
H. van de Waal, Drie eeuwen vaderlandsche geschied-uitbeelding 1500–1800: Een iconologische studie, 2 Bde., Den Haag 1952

Niederländische Landschaften, Städte, Genre etc.:
Henning Bock und Thomas W. Gaehtgens (Hrsg.), Holländische Genremalerei des 17. Jahrhunderts: Symposium Berlin 1984, Berlin 1987
Ch. Brown, Holländische Genremalerei, München 1984

Laurens J. Bol, Die holländische Marinemalerei des 17. Jahrhunderts, Braunschweig 1973
Norman Bryson, Looking at the Overlooked: Four Essays on Still Life Painting, London 1990
Hal Foster, The Art of Fetishism, in: Fetish, issue of The Princeton Architectural Journal 4, 1992, 6ff.
W. Franits, Paragons of Virtue: Women and Domesticity in Seventeenth-Century Dutch Art, Cambridge 1993
George S. Keyes et al., Mirror of Empire: Dutch Marine Art of the Seventeenth Century, Ausstellungskatalog The Minneapolis Institute of Arts/The Toledo Museum of Art/Los Angeles County Museum of Art 1990
Catherine Levesque, Journey through Landscape in Seventeenth-Century Holland: The Haarlem Print Series and Dutch Identity, University Park 1994
S. Segal, A Prosperous Past: The Sumptuous Still Life in the Netherlands 1600–1700, Ausstellungskatalog Delft, Stedelijk Museum/Cambridge, Mass., Fogg Art Museum/Fort Worth, Kimbell Art Museum 1988
L. Stone-Ferrier, Market Scenes as Viewed by an Art Historian, in: Art in History/History in Art (s. 1. Kap.), 28ff.
Peter C. Sutton et al., Von Frans Hals bis Vermeer: Meisterwerke holländischer Genremalerei, Berlin-Dahlem, Gemäldegalerie, 1984
P. J. P. Whitehead und M. Boeseman, A Portrait of Dutch 17th Century Brazil: Animals, Plants, and People by the Artists of Johan Maurits of Nassau, Amterdam, etc., 1989

5. Kapitel: Das Porträt

Roland Barthes, The World as Object, in: Critical Essays, Evanston 1972, 3ff.
Eddy de Jongh et al., Faces of the Golden Age: Seventeenth-Century Dutch Portraits, Yamaguchi, Prefectural Museum of Art, etc., 1994
ders., Portretten van Echt en Trouw, Ausstellungskatalog Haarlem, Frans-Hals-Museum, 1986
Seymour Slive et al., Frans Hals, Ausstellungskatalog Washington, D.C., National Gallery of Art/London, Royal Academy/Haarlem, Frans-Hals-Museum, 1989
David Smith, Masks of Wedlock: Seventeenth Century Dutch Marriage Portraiture, Ann Arbor 1982
S. A. Sullivan, The Dutch Gamepiece, Totowa/Montclair, N.J., 1984
J.Woodall, Status Symbols: Seventeenth-Century Netherlandish Portraiture, Dutch Crossing 42, Herbst 1990, 34ff.

Gruppenporträts:

Egbert Haverkamp-Begemann, Rembrandt: The Nightwatch, Princeton 1982
Neeltje Köhler und Koos Levy-van Halm, Frans Hals: Militia Pieces, Maarssen/Den Haag 1990

Architektur:

Katherine Fremantle, The Baroque Town Hall of Amsterdam, Utrecht 1959
W. Kuyper, Dutch Classicist Architecture: A Survey of Dutch Architecture, Gardens and Anglo-Dutch Architectural Relations from 1625 to 1700, Delft 1980

6. Kapitel: Die Stellung des Künstlers

Roland Barthes, The Death of the Author in: Image-Music-Text, New York 1977, 142ff.
M. Foucault, What is an Author, in: Language, Counter-Memory, Practice: Selected Essays and Interviews, New York 1977, 113ff.
K. Moxey, The Practice of Theory: Poststructuralism, Cultural Politics, and Art History, Ithaca/London 1994

Selbstporträts, Signaturen:

Alpers, Rembrandt's Enterprise (s. 1. Kap.), Kapitel 1
Mieke Bal, Reading Rembrandt: Beyond the Word-Image Opposition, Cambridge, etc., 1991
Pieter Biesboer et al., Judith Leyster: A Dutch Master and Her World, Ausstellungskatalog Haarlem, Frans-Hals-Museum/Worcester Art Museum, Massachusetts, 1993
Celeste Brusati, Stilled Lives: Self-Portraiture and Self-Reflection in Seventeenth-Century Netherlandish Still-Life Painting, Simiolus 20, 1990–1991, 168ff.
H. Perry Chapman, Rembrandt's Self-Portraits: A Study in Seventeenth-Century Identity, Princeton 1990
Hans-Joachim Raupp, Untersuchungen zu Künstlerbildnis und Künstlerdarstellung in den Niederlanden im 17. Jahrhundert, Hildesheim/Zürich/New York 1984
E. van de Wetering, Rembrandts Malweise: Technik im Dienst der Illusion in: Ch. Brown et al., Rembrandt, der Meister und seine Werkstatt (s. 1. Kap.), 12ff.
Wheelock et al., Jan Steen (s. 1. Kap.)

Drucke:

W. Benjamin, Das Kunstwerk im Zeitalter seiner technischen Reproduzierbarkeit, Frankfurt 1963
Walter Melion, Love and Artisanship in Hendrick Goltzius's Venus, Bacchus and Ceres of 1606, Art History 16, 1993, 60ff.
Lawrence Nichols, The 'Pen Works' of Hendrick Goltzius, Philadelphia Museum of Art Bulletin, Winter 1992
Christopher White, Rembrandt as an Etcher, 2 Bde., London 1969

Abbildungsnachweis

Seite 7 Detail aus 3
Seite 17 Detail aus 16
11 Paul M.R. Maeyaert, Mont de l'Enclus (Orroir), Belgien
15 The Fotomas Index, West Wickham, Kent
18 Paul M.R. Maeyaert, Mont de l'Enclus (Orroir), Belgien
20 Fotoarchiv des niederländischen Informations-Service (NIS),Amsterdam
21 The Metropolitan Museum of Art, New York, gift of Henry G. Marquand, 1889. Marquand Collection (89.15.21)
23 Foto Musée de Grenoble
25 Staatliche Schlösser und Gärten, Berlin
28 The Bridgeman Art Library, London
Seite 47 Detail aus 43
30a Rijksdienst voor de Monumentenzorg, Zeist; Foto A.G. Schull, 1866
30b By Courtesy of the Board of Trustees of the Victoria and Albert Museum, London
32 © British Museum
34 The Fotomas Index, West Wickham, Kent
42 By Courtesy of the Board of Trustees of the Victoria and Albert Museum, London
44 Artothek, Peissenberg, Deutschland
Seite 71 Detail aus 65
48 RMN Paris (Musée du Louvre, Collection Rothschild)
49 Bildarchiv Preußischer Kulturbesitz, Berlin
50 © The National Trust Photographic Library, London
56 The Bridgeman Art Library, London
57 Arthothek, Peissenberg, Germany
64 © British Museum
67 Allen Memorial Art Museum, Oberlin College, Oberlin, Ohio. R.T. Miller, Jr. Fund, 1953 53.256
Seite 99 Detail aus 74
70 Nationalmuseum, SKM, Stockholm
72 © Indianapolis Museum of Art. Gift in commemoration of the 60th anniversary of the Art Association of Indianapolis, in memory of Daniel W. and Elizabeth C. Marmon
75 © 1995 Museum Associates, Los Angeles County Museum of Art. Alle Rechte vorbehalten
78 RMN, Paris
80 The Bridgeman Art Library, London
80 Paul M.R. Maeyaert, Mont de l'Enclus (Orroir), Belgien
83, 84 Courtesy of the Library of Congress Rare Books and Special Collections Division, Washington, D.C.
85 RMN, Paris
86 Dänisches Nationalmuseum, Ethnographische Abteilung, N.38A2; Foto Lennart Larsen
87 © Indianapolis Museum of Art. Gift in commemoration of the 60th anniversary of the Art Association of Indianapolis, in memory of Daniel W. and Elizabeth C. Marmon
88 Bildarchiv Preußischer Kulturbesitz, Berlin
90 The Bridgeman Art Library, London
92 © British Museum
93, 94 The Bridgeman Art Library, London
96 Arthothek, Peissenberg, Deutschland
98 The Currier Gallery of Art, Manchester NH: Currier Funds 1969.8
Seite 131 Detail aus 107
102 Noortman (London) Ltd./The Bridgeman Art Library, London
104 North Carolina Museum of Art, Raleigh. Purchased with funds from the State of North Carolina
105 Bildarchiv Preußischer Kulturbesitz, Berlin
112 bis 114 Paul M.R. Maeyaert, Mont de l'Enclus (Orroir), Belgien
115 The Bridgeman Art Library, London
Seite 157 Detail aus 118
116 Gift of Mr. and Mrs. Robert Woods Bliss; © 1995 Board of Trustees, National Gallery of Art, Washington, D.C.
122 Arthothek, Peissenberg, Deutschland
123 © British Museum
124 © British Museum
125 Philadelphia Museum of Art; Purchased: The Mr. & Mrs. Walter H. Annenberg Fund for Major Acquisitions, the Henry P. McIlhenny Fund in memory of Frances P. McIlhenny, bequest (by exchange) of Mr. and Mrs. Herbert C. Morris, and gift (by exchange) of Frank and Alice Osborn

Register